Erstausgabe 2014
Saskia Beecks – So habe ich es geschafft
Autorin: Saskia Beecks

Konzept, Design und Satz: Fred Funk,
www.fredfunk.de
Illustration: fredfunk | Rahel Goetsch
Druck u. Bindung: CPI books GmbH
Covergestaltung: Fred Funk
Printed in Germany
ISBN 978-3-9816698-0-0

www.saskiasbuch.de

SASKIA BEECKS

SO HABE ICH ES GESCHAFT

VON SASKIA BEECKS

SASKIAS VERLAG

für Tina

Dienstag, 4. März 2014

War gestern auf meiner ersten Beerdigung: Mamas Lebensgefährtin ist gestorben. Die beiden waren zehneinhalb Jahre lang ein Paar, und ich bin mit ihr aufgewachsen.

Tina, das ist für dich!

Ich weiß, du liebst Bücher und hättest sicherlich das ein oder andere Mal geschmunzelt. Ich weiß nicht, warum ich das aufschreibe, vielleicht weil ich die Hoffnung habe, dass du das irgendwie irgendwo irgendwann liest. Oder um meine Trauer zu bewältigen. Vielleicht auch beides. Du kennst mich, ich bin ein emotionaler Mensch. Hatte nie Probleme damit, meine Gefühle zu zeigen. Doch diesmal ist alles irgendwie anders. Vielleicht weil ich so eine Situation noch nie erlebt habe oder weil ich so bin wie Mama. Allein weinen, vor anderen stark sein. Und Mama ist so unglaublich stark.

Konnte bisher nicht „richtig" trauern oder weinen. Aber jetzt, hier im Zug, kommen mir die Tränen. Das bist du. Hast schon immer das Talent dazu gehabt, die Leute vom Hocker zu reißen. Das habe ich an dir bewundert. Und deine geballte Ehrlichkeit. Du hast gesagt, was du denkst. Das tue ich auch. Aber du hattest dabei definitiv mehr Taktgefühl.

Trotzdem bin ich sauer auf dich. Ich wollte dir noch so vieles sagen, dir hiervon erzählen. Tina, ich schreibe ein Buch! Zumindest versuch ich mich daran. Ich wollte dir unsere neue Wohnung zeigen, mit dir sinnlose Deko bei Ikea aussuchen, Diätpläne durchgehen, um danach ein großes Eis zu essen. Dir immer wieder versichern, dass es in dem Film „P.S. Ich liebe Dich" nicht um Krebs geht, damit du ihn endlich guckst. Dir irgendwann erzählen, dass ich schwanger bin.

Machtlosigkeit ist ein Arschloch. Endgültigkeit auch. Du bist weg, aber noch da. Und du bist da, aber schon weg. Doch bei mir wirst du immer sein. Mal bist du der Wind, mal bist du die Sonne. Und manchmal bist du nur ein Atemzug. Ich atme ein, und ich atme aus und weiß für immer, dass deine schwerelose Liebe unendlich ist.

VORWORT

Ohrwurm: Macklemore, „Otherside"

Wie kommt denn jetzt jemand wie ich auf die beknackte Idee, ein Buch zu schreiben? Einige werden sich vielleicht fragen, warum ich denn stattdessen keine Single aufgenommen habe, DJane werde oder ins „Dschungelcamp" gehe. Manche meinen auch, dass Formate wie „Berlin – Tag & Nacht" das deutsche Fernsehen kaputt machen und durch Leute wie mich die deutsche Literatur beschmutzt würde. Doch das ist genau die Motivation, die ich brauche. Let me entertain you, denn in der Unterhaltungsbranche geht es um nichts anderes. Dennoch werde ich hier auch ernstere Themen ansprechen, die mir persönlich ganz besonders am Herzen liegen. Und ich möchte meinen Fans für ihre tägliche Unterstützung danken. Ohne euch wäre dieses Projekt nicht möglich gewesen.

Die Idee zu diesem Buch entwickelte sich so, wie viele Ideen entstehen: Bedarf und Nachfrage. Und um nicht jeden Tag auf meiner Facebook-Seite mit den gleichen Fragen konfrontiert zu werden oder mir den Mund fusselig reden zu müssen, entschied ich mich dazu, euch auf diese Art und Weise zu antworten. Hierdurch habe ich eine Stimme, mit der ich euch hoffentlich ein paar Ängste nehmen, motivieren oder auch einfach nur zum Lachen bringen kann. Und dabei nehme ich keine Rücksicht auf Randgruppen, unterwerfe mich nicht der Mainstream-Meinung, schmiere niemandem Honig um den Mund und achte nicht darauf, wie ich was sage, nur um gut anzukommen. Das tun für meinen Geschmack schon zu viele.

Die Aufgabe, ein Buch zu schreiben stand mir also bevor, und es war keine einfache Aufgabe. Eher eine

Gleichung mit mehreren Unbekannten. Wie Zeichnen ohne Radiergummi. Kein Ghostwriter, keine Hilfe anderer Autoren, nichts. Nur ich und die Gedanken meines kranken Kopfes sind für dieses „Werk" verantwortlich. Denn wenn ich schon so großkotzig bin und mir zutraue, ein Buch zu schreiben, dann mache ich das gefälligst auch ganz allein. Ich liebe Herausforderungen, und dieses Buch hat mich herausgefordert.

Manchmal war es echt merkwürdig, was mich alles so inspirierte: Aktuelles, auch politischer Art, oder Dinge, die ich einfach mal loswerden wollte. Ursprünglich sollte sich das Thema Ernährung wie ein roter Faden durch dieses Buch ziehen, doch die Aspekte, unter denen ich schrieb, veränderten sich während des Schreibens. Mein Herz gab mir die Richtung vor, und das beschäftigt sich nun mal mehr mit der Frage nach Toleranz als mit der Antwort auf Übergewicht. Das Projekt Buch brachte mich wieder ein Stückchen näher zu mir selbst, und allein dafür hat es sich für mich zu 100 Prozent gelohnt.

Leider muss ich euch auch enttäuschen: Die Ruhrpott-Lesbe hat mehr drauf, als sich selbst schlecht zu verkaufen. („Oh mein Gott, sie hat sich selbst Lesbe genannt"). Was mir in meiner „Homolaufbahn" immer wieder begegnet, ist, dass die Leute sich nicht trauen, mich als Lesbe zu bezeichnen. Zumindest nicht in meiner Anwesenheit. Es wird sich meistens ernsthaft vorher entschuldigt: „'tschuldigung, darf ich? Also wenn man lesbisch ist ..." Oder nachgefragt, ob man denn Lesbe sagen könne, das klingt ja sonst so „abwertend". LESBE. Ein ganz normales Wort. Die meisten setzen trotzdem lieber das Wort „homosexuell" ein. Gääääähn. Mit dem Wort „schwul" hingegen sieht es ganz anders aus. Das wird inflationär als Beleidigung verwendet oder um etwas abzuwerten. „Du willst, dass ich heute Abend diese Hose anziehe?! Niemals! Die sieht doch total schwul aus!" Wie man sieht, werden selbst Gegenstände damit in Verbindung gebracht. Und das kennt jeder, das kann niemand leugnen. Mit dem Wort „lesbisch" geschieht dies nicht, das würde sich doch auch total schwul anhören, oder? Selbst als einfache Aussage klingen diese beiden Wörter sehr unterschiedlich: „Das ist ein Schwuler." Kontrast: „Dat is' ne Lesbe!" Klingt irgendwie härter. Ich muss selbst die ganze Zeit schmunzeln, wenn ich mir das vorstelle.

Apropos vorstellen. Hi, ich bin Saskia, Baujahr 88, und wohne in Berlin. Ursprünglich komme ich aus dem wundervollen rosig-rostenden Ruhrpott, aber die Luft dort ... Also entzog ich mich dem Smog und zog ins Grüne. Berlin. Und was ich hier alles erlebt habe, darf man schon mal erstens aus gesetzlichen und gesundheitlichen Gründen nicht aufschreiben, zweitens würde ich mir selbst den Jugendschutz und die Polizei auf den Hals hetzen und drittens ... ach, warum eigentlich nicht? Wir sollten uns viel öfter die Frage stellen: „WARUM EIGENTLICH NICHT?" und nicht immer nur „WARUM?".

Ich schreibe hier nicht über mein „hartes" Leben, im Gegenteil, und ich werde einigen so richtig an den Karren pissen. Political Correctness ist ein Arschloch. Und Biografien sind langweilig. Ich schreibe, wie ich bin. Provokant, impulsiv, hoffentlich witzig und manchmal auch intelligent. Ironie und Sarkasmus sind meine Wegbegleiter. Viel Spaß bei der „Lektüre"!

Die nachfolgende Schrift ist für Leser ohne einen Hauch von Intelligenz nicht geeignet.

Warum
eigentlich
nicht?

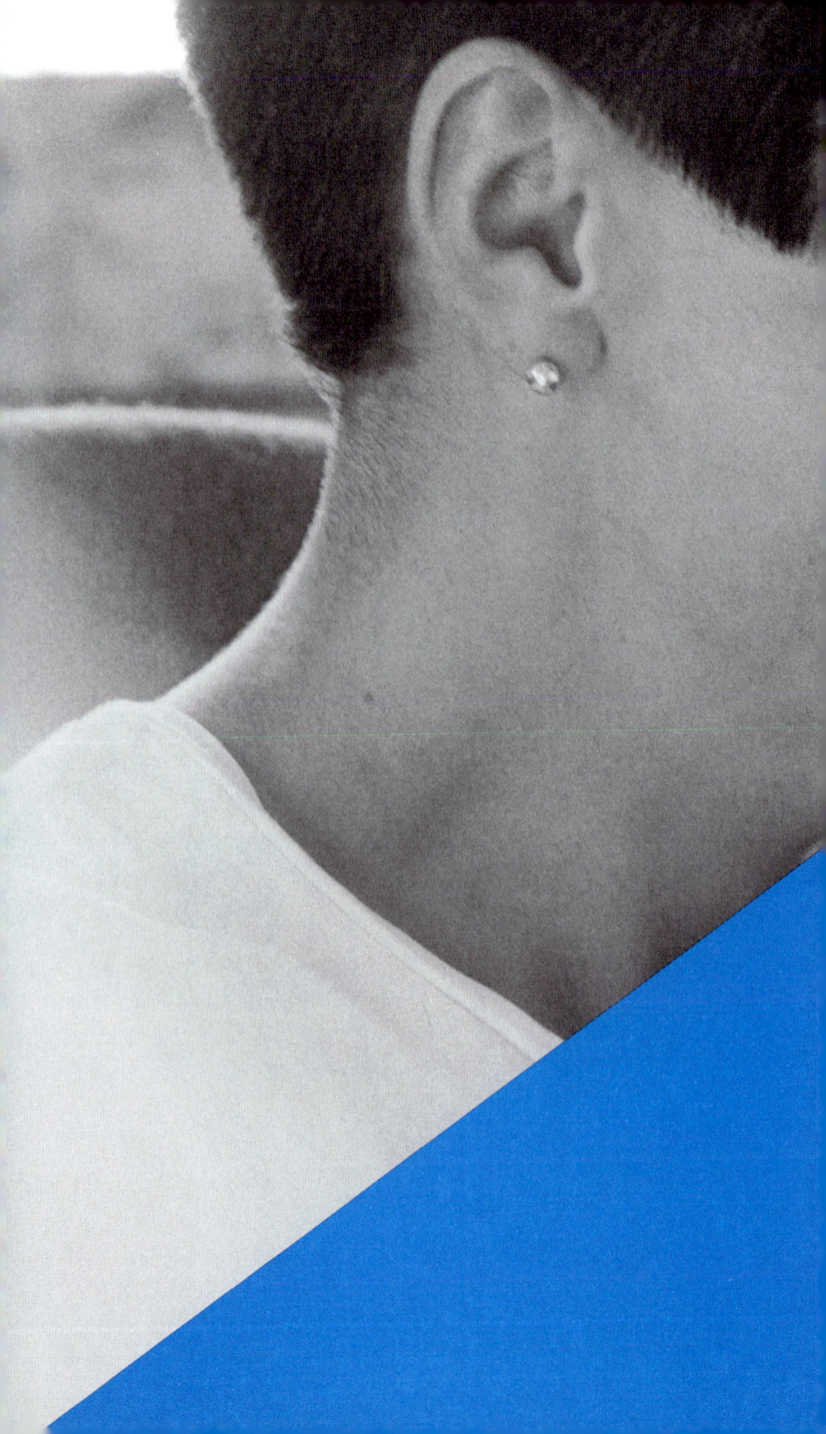

BERLIN – TAG & NACHT

„Wie ist denn das so bei BTN? Und was macht ihr eigentlich hauptberuflich?" – Keine Ahnung, wie ich für euch die krasseste Zeit meines Lebens in zwei Sätze packen soll! Müsst ihr einfach selbst lesen!

ICH BIN

Ohrwurm: LadyGaygay, „Bad Romance“

„Und was möchtest du werden, wenn du mal groß bist, Saskia?“ „Schauspielerin.“ „Nee, jetzt mal im Ernst, was möchtest du denn lernen, wenn du groß bist?“ „Schauspielen.“ Ich glaube, das war eines der frühesten Dinge, die ich wusste. Ich wusste von klein auf, was ich werden wollte, und somit wusste ich, was und wer ich bin.

Ich weiß nicht, ob ihr das kennt, aber hattet ihr schon mal das Gefühl, für etwas bestimmt zu sein? Ich meine nicht, sich etwas ganz doll zu wünschen und zu hoffen, dass es irgendwann in Erfüllung geht. Sondern, dass ihr genau wusstet, dass es auf ein ganz bestimmtes Ziel hinauslaufen muss und auch wird, weil ihr einfach für nichts anderes gemacht seid. So habe ich mich 23 Jahre lang gefühlt. Ich habe eine Berufung, keinen Beruf. Ich betrachte es nicht als Arbeit, sondern als Lernprozess, der mich mit jeder Rolle, die ich spiele, näher an das bringt, was ich wirklich bin. Das Schauspielen, ob ihr es so nennen wollt oder nicht, bringt mich zu mir selbst. Für mich ist es ein Ventil und eine Bestimmung, hundert Gefühle und pure Einsamkeit, ein leerer Raum voller Emotionen. Ich weiß nicht, wie ich euch beschreiben soll, was Schauspielen für mich bedeutet. Es ist einfach unabdinglich und ein unantastbarer Bestandteil meiner selbst, in der mein innerstes Ich Entspannung und Freude findet.

Sorry, hab gekifft (wehe, ihr macht jetzt einen Aufstand. Denkt an die böse Prohibitionspolitik, dann wäre das nämlich jetzt kein Thema mehr). Aber konntet ihr mir folgen? Bevor ich mit dem Schauspielen begann, oder genauer gesagt, bevor ich meine erste Rolle spielte, war ich überall und nirgends, ich war verstreut. Als würde ich aus tausend Magneten bestehen, die sich abstoßen. Ich war unglücklich. Ich wusste, was ich will, aber nicht, wie ich es erreichen konnte. Wie kann ich Schauspielerin werden? Ich wollte alles sein, was ich nicht war. Meine Familie hatte kein Geld, um eine Schauspielschule zu bezahlen, wir konnten nicht mal in den Urlaub fahren. Zumindest nicht nach der Scheidung meiner Eltern. Wie also sollte ich das anstellen? Als ich mit 17 Jahren meine erste Rolle spielte, war ich mir sicher: Das ist es. Und nichts anderes.

CASTING FÜR DIE MASSENPRODUKTION

Meine Oma hat dann den Stein ins Rollen gebracht und mir einen Zeitungsschnipsel (ja, einen Zeitungsschnipsel, nichts aus dem Internet) auf den Tisch gelegt und mich gebeten, da doch mal anzurufen: „Ist von Filmpool oder so. Die suchen da so Darsteller! Dat is bestimmt wat für dich, ruf da doch mal an, Kind!" Gesagt, getan. Zwei Tage später bin ich dann zum Casting ins Best Western Parkhotel nach Recklinghausen gefahren. Meine Oma war übrigens immer die Einzige, die an mich geglaubt hat. Zumindest in dieser Hinsicht.

Das Casting verlief anscheinend ziemlich gut, denn drei Monate später bekam ich meine erste Rolle. Ich durfte die Schwester der Angeklagten in einer Folge von „Familiengericht" spielen. Natürlich war das kein echter Gerichtssaal, sondern ein, wie soll ich sagen, riesengroßer Pappmascheesaal, aufgebaut in einem Studio. Uns wurde davon abgeraten, sich irgendwo anzulehnen. Daraufhin folgten dann mehrere kleine Rollen, die mit der Zeit immer größer wurden. „Das Jugendgericht", „Verdachtsfälle" und das seriöse „X-Diaries" (ich war in der ersten Staffel zu sehen, die relativ harmlos war) brachten mich dazu, immer weiter an meinem Traum festzuhalten. Einige Angebote musste

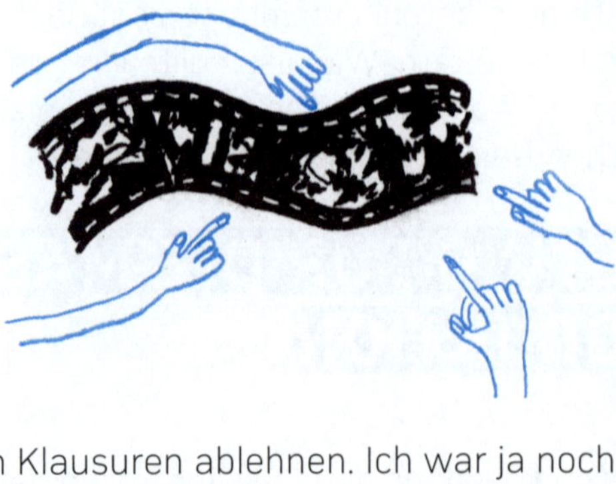

ich wegen Klausuren ablehnen. Ich war ja noch Schülerin und steckte mitten im Abi. Ich erinnere mich jetzt noch – als sei es erst gestern gewesen – an die strahlenden Augen meiner Mama, wenn ich nach Hause kam und sie mir entgegenbrüllte: „Filmpool hat wieder angerufen, Saskia! Schnell, ruf zurück!"

Wenn man so ein Casting gemacht hat, ist man, ähnlich wie ein Model in der Kartei einer Agentur, in einer Castbase. Da kann dann die Produktionsfirma ihre gewünschten Protagonisten aussuchen und sich das Castingvideo anschauen, das man beim ersten Mal aufnimmt. Gefällt der Produktion dein Castingvideo, und sie sind der Überzeugung, du kommst für eine Rolle infrage, kriegst du einen Anruf. Dann bekommst du die Drehbücher zugeschickt und die Dispo (Stundenplan) für den jeweiligen Tag beziehungsweise die jeweilige Woche. Großes Geld lässt sich damit natürlich nicht verdienen, aber das war mir egal, für mich zählte nur die Erfahrung.

TAG UND NACHT BERLIN

Ich steckte mitten in meiner Ausbildung zur Kfz-Mechatronikerin bei Mercedes-Benz und war gerade auf dem Heimweg, als ich den lebensrettenden Anruf erhielt. Ich war 22 und hatte bis dahin schon in der einen oder anderen Produktion von Filmpool mitgewirkt. Dieses Mal aber wurde ich nicht gefragt, ob ich dann und dann Zeit hätte, um Rolle XY in einer Nachmittagssendung zu spielen, sondern ob ich Lust hätte, für ein Wochenende nach Berlin zu fahren. Die machen das ja immer schlau. Erst mal schön locken und dann später mit der Sprache rausrücken. Na klar hatte ich Lust! Welche 22-Jährige hat denn keine Lust auf so was?

Worum es geht, wollte ich wissen. Es gäbe da die Idee für ein neues Format (hätte gerne mal die Ursprungsidee gehört, „Tag und Nacht Berlin" sollte es heißen), bei dem ich eine Hauptrolle spielen würde. Is' klar. Ich darf umsonst nach Berlin fahren, bekomme Hotel und

Verpflegung gezahlt, und das Einzige, was ich dafür tun muss, ist mein größter Traum, nämlich eine Hauptrolle spielen. Kein Scherz, sondern ein ernsthaftes Angebot. Und wer hätte gedacht, dass es genauso und nicht anders kommen würde. Nicht mal ich. Und ich war schon hart naiv als Jugendliche. Oder nennen wir es nicht naiv, denn das setzt ja manchmal Dummheit voraus, sagen wir – gutgläubig.

Ich sagte natürlich zu. Weitere Infos bekam ich dann nach und nach. Als ich die Zugtickets und die Dispo geschickt bekam und alles schriftlich bestätigt wurde, rief ich meine Mutter an. Zu diesem Zeitpunkt wohnte ich schon nicht mehr zu Hause, habe mich aber immer noch so gefühlt. „Mama! Filmpool hat mich wieder angerufen, und ich fahre nächstes Wochenende nach Berlin, UMSONST (das habe ich schnell gesagt, um sie zu beruhigen); und ich darf da eine Hauptrolle spielen für ein neues Format! (MEGAFREUDE)

Das soll so eine Art WG sein, und da sind noch fünf andere, die da mitmachen, und die wollen nur so 'ne Art Kennenlernen veranstalten! GEIL, WA??!!!"

Meine Mutter, die sich sonst immer so freute (wahrscheinlich auch deshalb, weil ich stets eine kleine Gage bekam, diesmal aber nicht), antwortete ganz trocken: „Aha. Berlin. Ja, ist doch gut, mach!" „Hä?! Kannst du dich mal bitte für deine Tochter freuen?" „Tu ich doch, mein Kind. Du erzählst mir gerade, dass du nach Berlin fahren darfst, umsoohoonst, um da eine Hauptrolle zu spielen. Nicht, dass du da verarscht wirst oder so, ne?!" „Boah, Mamaaa! Ich passe immer auf mich auf, weißt du doch. Warum sollten die mich denn verarschen wollen? Hat Filmpool mich denn jemals verarscht, Mama?!" (Verarschen tun die einen echt nicht. Nur manchmal ein bisschen schönreden und Besprochenes vergessen.) Na ja, jedenfalls bin ich gefahren, auch wenn Mama skeptisch war.

„Mann! Lass dat arme Kind do fahren, Claudi, kommt se wenigstens ma raus hier aus'm Kaff!", beruhigte sie ihre Freundin Tina. Das Blöde bei mir ist immer mein schlechtes Gewissen. Wenn ich wusste, dass Mama nicht einverstanden war mit dem, was ich tue, konnte ich es gar nicht oder nur mit schlechtem Gewissen tun. Gut erzogen, würden andere sagen. Aber ich musste endlich auch mal an mich denken, mein Leben selbst in die Hand nehmen und meinen Traum verfolgen. Und wenn dieser bekloppte Trip nach Berlin der Strohhalm werden sollte, an den ich mich klammerte, dann hätte ich wenigstens nichts unversucht gelassen. Was dann letztendlich dabei herauskommen, ob es das Format wirklich geben würde, ob ich da ein Wochenende nur mit Bekloppten abhängen und unter Schlafmangel leiden würde, war mir scheißegal. Es wäre eine Erfahrung, und ich würde nur wissen, was passiert, wenn ich das einfach mal ausprobierte. Und ja, ich hing mit Bekloppten zusammen, und ja, ich habe kaum geschlafen, und ja, es waren mehr als nur ein, zwei Testdrehs pro Tag. Merke: Wenn eine Produktionsfirma oder ein Sender oder irgendjemand, der beim Fernsehen arbeitet, dir von ein bis zwei Stündchen Arbeit erzählt, halte dir bitte zwei Tage frei.

Aber hätte man mir damals erzählt, dass diese Bekloppten einmal meine Freunde und meine Familie werden würden und ich mit diesen Leuten die krasseste Zeit meines Lebens starten würde, wäre ich sicher weggerannt. Ich lernte Falko, Pia, Lutz und Yasi kennen. (Wenn ihr mal auf den Kühlschrank in der BTN-Haupt-WG achtet, da hängen Fotos von diesem Wochenende.) Wir haben uns auf Anhieb verstanden, obwohl wir nicht mal dieselbe Musik hörten. Aber das war völlig egal. Wir hatten und haben die gleichen Ziele, und darauf kam und kommt es an.

DAS ERSTE MAL BERLIN // DIE PILOTFOLGE

Zwei Monate später sollte dann der Pilot gedreht werden. Im November darauf wurden wir wieder nach Berlin eingeladen, diesmal aber für knapp eine Woche, um eine Testfolge zu drehen. Mit Drehbuch, O-Tönen und allem Drum und Dran. Als Set diente uns ebenfalls eine WG, und zwar nicht irgendeine, sondern die WG über der späteren BTN-Haupt-WG. Die sieht nicht nur genauso aus, sondern war auch viel besser aufgeteilt. Und dort mussten wir dann auch alle schlafen. Jedes Zimmer war nach einem anderen Thema eingerichtet. Pia und ich schliefen im Zirkus-Zimmer. Weiß noch ganz genau, was meine ersten Sätze zu den anderen waren. Und auch was Ricarda getragen hat. Dass Patrick das gleiche Parfüm benutzt hat wie mein Daddy.

Und dass Falko schon immer so getanzt hat. Ich kann mich an alles erinnern. Und ich glaube, dass ich auch nur deswegen dieses Buch „detailliert erinnert" schreiben kann.

Wir hatten also fast eine Woche Zeit, eine Folge zu drehen (mittlerweile wird eine Folge pro Tag gedreht). Die Woche ging schnell vorbei, wir bekamen unsere Gage und haben den letzten Abend ordentlich gefeiert und in der Hoffnung angestoßen, der Sender würde das Format kaufen. Dann ging's im Zug zurück, und ich fand mich am langweiligen, ranzigen, müden, versmogten Duisburg-Hauptbahnhof wieder, den ich schon in- und auswendig kannte. Gähn. Berlin! Ich will wieder zu dir! Aber ab jetzt hieß es: ABWARTEN.

Meine Kunst. Kann ich ganz besonders gut. Übrigens auch ein Arschloch. ABWARTEN. Beinhaltet das Wort „warten", und das ist, auf JEDE Situation bezogen, scheiße. Oder? Kennt ihr auch nur eine Situation, in der warten gut oder angenehm ist? Nein. Wir sollten Anfang Dezember Bescheid bekommen, ob der Sender kauft oder nicht.

EIN ANRUF UND 120 FOLGEN

Natürlich bekam ich nicht Anfang Dezember Bescheid, weil irgendjemand, der das zu entscheiden hatte, krank war und es irgendwelche Konferenzen gab – blablabla. Also zog sich das Ganze bis nach Silvester hin, und ich müsste lügen, zu behaupten, dass ich mir nicht sicher gewesen wäre, am 3. Januar 2011 den entscheidenden Anruf zu erhalten. Ich saugte gerade meine Wohnung und regte mich hart darüber auf, dass der SCHEISS VERKACKTE STAUBSAUGER immer wieder überall hängen blieb, weil sich die Rollen die ganze Zeit verdrehten. Wie bei einem Einkaufswagen, der nur zu einer Seite zieht. Ätzend. Da krieg ich Attacken.

Da klingelt plötzlich das Handy, ich schmeiß wütend und schwitzend den Staubsauger extra feste hin (als würde ich ihn damit bestrafen), renn zu meinem viel zu laut eingestellten Handy, sehe die Hürther Nummer und hebe bemüht freundlich ab. Am anderen Ende der Leitung meldet sich eine zarte Herrenstimme, die sich freundlich vorstellt und fragt, was ich denn gerade so treibe. Ick denke, okay, Saskia, gleich rastest du aus. „Ich sauge gerade mit dem beschissensten Staubsauger der Welt! Was gibt es denn?“ Und der Satz, den ich zur Antwort bekam, hat sich in mein Langzeitgedächtnis eingebrannt: „Na, ich wollte dir eigentlich nur eben Bescheid geben, dass der Sender 120 Folgen gekauft hat, wir somit die erste Staffel drehen, und du nun, wenn du Lust hast, nach Berlin ziehen kannst.“

KREEEEEEEEEEEEEIIIIIIIIIIIIIIIIIIIIIISSSSSSSSSSSSSCCCCCCCCCCCCCCCCCCCHHHHHHHHHHHHHHHHHHH!!!!!!!! Mein Herz schlug so dermaßen schnell, und mir schossen noch viel schneller Tausende von Gedanken durch den Kopf. Ich hatte in der letzten Zeit alle Leute um mich herum so verrückt gemacht und so gebetet, dass alles klappt und ich endlich aus dem Loch namens Duisburg rauskomme. Und jetzt hatte ich Gewissheit. Ich ziehe nach Berlin! Ich werde dort drehen! Ich komme meinem Traum um ganz große Schritte näher! Oh Gott! Mein ganzes Leben wird sich verändern!

Zack, da war auch schon die liebe Angst. Aber Ängste sind keine Arschlöcher. Man darf nur nicht zu viel Angst vor etwas haben, aber Ängste können dich erstens antreiben, und zweitens zeigen sie dir an, wie wichtig das ist, was du tust. Hätte man keine Angst um oder vor etwas, würde man dessen Bedeutung nicht zu schätzen wissen. Also. Kennt ihr das, wenn ihr so viel Euphorie empfindet und ihr euch über eine Sache so krass freut, dass euer ganzer Körper zittert und ihr nicht mal mehr richtig sprechen könnt, weil eure Gedanken viel schneller sind als eure Zunge? Ich bin durch meine Wohnung gerannt, mir war alles scheißegal. Habe den SCHÖNSTEN, WUNDERVOLLSTEN Staubsauger der Welt wieder in seine Ecke gestellt und erst mal ... OH GOTT! ANRUFEN! SOFORT! AAAAH! WEN ZUERST?!

Dazu muss ich sagen, dass ich ja noch in der Ausbildung steckte, und meine Mama deshalb von der Berlin-Idee überhaupt nicht begeistert war. Denn das hieße ja, ich müsste meine Ausbildung abbrechen, um in die Hauptstadt ziehen zu können. Ein halbes Jahr vor der Gesellenprüfung. Meine Freunde waren größtenteils dagegen. Einige rieten mir, ich solle die Chance wahrnehmen, damit ich bloß rauskomme. Die meisten legten mir nahe, erst mal meine Ausbildung zu Ende zu machen. Jetzt stellt euch mal vor, ich hätte brav meine Ausbildung abgeschlossen, wäre unglücklich geblieben und nicht nach Berlin gegangen. Dann wäre ich jetzt Zuschauer und hätte mich jeden Tag aufs Neue aber so was von in den Hintern gebissen, wenn ich mitbekommen hätte, wie erfolgreich „Berlin – Tag & Nacht“ geworden ist.

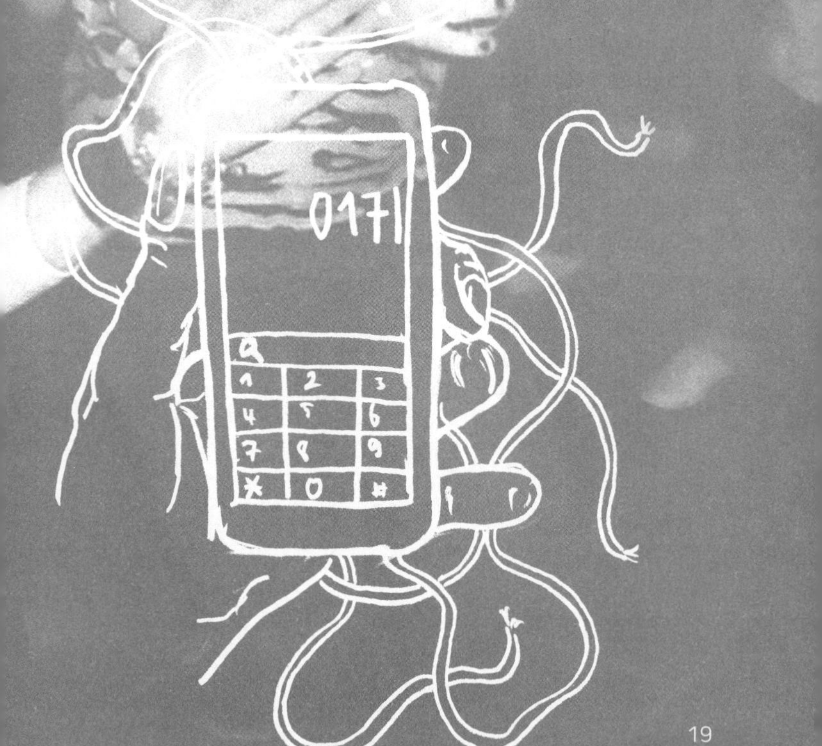

Der Einzige, der von Anfang an für Berlin war (außer meiner Oma natürlich), war mein Papa. Er riet mir, auf mein Herz zu hören – er würde an meiner Stelle ohne zu überlegen gehen. „Hör mal zu, mein Schatz, auch wenn die Mama immer dat Beste für dich will – will ich ja auch –, aber manchmal bekommt man nur EINE EINZIGE Chance, sein Leben zu ändern. Lass die anderen reden, zurückkommen kannst du immer. Aber vorwärts vielleicht nur dieses eine Mal. Und du wirst nie wissen, wie es sein wird, wenn du es nicht einfach mal machst. Ergreife deine Chance und verfolge deinen Traum! Wenn es schiefgeht, sind wir doch für dich da."

Wenn es um Lebensentscheidungen oder Veränderungen geht, bin ich meinem Vater sehr ähnlich. Ich wusste, es steht jemand hinter mir, der genauso handeln würde, wenn er noch mal jung wäre. Und das bestärkte mich. Es bestärkte mich, der großen Sorge meiner Mutter zu trotzen und einzig und allein auf mein Herz zu hören. Außerdem konnte ich meine Mutter sehr gut verstehen. Für mich stand fest: Ich breche meine blöde Ausbildung ab, packe meine Sachen und gehe nach Berlin, um meinen Traum zu verwirklichen. Klingt schon leicht naiv, wenn ich das so schreibe, aber genauso war es. Ich war eine von Hunderttausenden, die glaubten, in Berlin ihre Eintrittskarte zur Schauspielerei gefunden zu haben.

GEILE ZEIT

In den darauffolgenden Wochen bekam ich immer mehr Informationen: wie der Umzug über die Bühne gehen sollte, wo ich wohnen würde, welche Unterlagen gebraucht werden, wer unsere Ansprechpartner sind und dass der Umzugstag der 5. April 2011 sein würde. Ich kündigte meine Ausbildung bei Mercedes-Benz, arbeitete noch einen Monat in meinem Nebenjob auf Vollzeit, und dann kündigte ich schließlich auch dort wieder, um den Umzug zu organisieren und mich vorzubereiten. Somit war ich fast den ganzen März arbeitslos. Allein in diesem Monat habe ich noch mal so etwa fünf Kilo zugenommen. Ich packte mein nötigstes Zeug zusammen, weil wir erst mal alle in eine möblierte Wohnung in Berlin ziehen sollten. Das sollte uns den Umzug erleichtern, außerdem behielten wir zur Sicherheit unsere Wohnungen am Heimatort. Schließlich wusste niemand genau, wo das alles hinführen, ob das Projekt überhaupt Erfolg haben würde.

Der Umzugstag rückte immer näher, und ich freute mich riesig auf die bevorstehenden acht Monate. Irgendwie war das alles gar nicht zu begreifen. Es war so nah, aber trotzdem so weit weg. Zum ersten Mal in meinem Leben würde ich für so einen langen Zeitraum meine Heimat, meine Freunde und meine Familie zurücklassen und alles auf eine Karte setzen, ohne genau zu wissen, was da eigentlich auf mich zukommt. Das war nicht leicht. Aber ich hatte einfach ein gutes Gefühl.

Und nun hieß es Abschied nehmen. Und wie nimmt man Abschied in unserem Alter? Richtig. Mit einer ordentlichen Party. Alle meine Freunde kamen, überreichten Fotos und Fotobücher, wir hörten unsere Lieblingslieder und fielen uns am Ende weinend in die Arme und versprachen uns, dass wir uns nie verlieren würden. Was auch bis heute nicht geschah. Dennoch vermisse ich meine Freunde in Duisburg. Ich habe einfach die besten Freunde, die man sich nur vorstellen kann. Die lassen sich von nichts aufhalten, auch nicht von 600 Kilometern, die nun zwischen uns liegen. Am nächsten Tag musste ich mich dann auch von meiner Familie verabschieden, und ich weiß ganz genau, dass denen das anfangs überhaupt nicht passte, dass ich nach Berlin gehe. Ihre Sorgen waren ziemlich groß, was ich meiner Familie ja auch nicht verübeln kann. Auf nach ...

... BERLIN!

Ich zog mit Pia zusammen, weil wir uns erstens gut verstanden und uns somit etwas Sicherheit gaben. Und zweitens, um nicht alleine saufen zu müssen. Zwischen dem Umzugstag und dem ersten Drehtag lagen drei Wochen. Diese Zeit wollte ich nutzen, um mich einzugewöhnen. Letztendlich habe ich dafür fast zwei Jahre gebraucht. Berlin ist einfach – zu schön, um wahr zu sein, doch gleichzeitig auch so hässlich, dass du es gar nicht glauben kannst. Gilt übrigens genauso für die Menschen, die hier rumlaufen. Für mich ist Berlin eine Stadt voller Kontraste. Arm/reich, bunt/grau, historisch/modern, bekannt/anonym, tiefgründig/oberflächlich. Stillstand und Bewegung, Machtmetropole und Kulisse. Eva Padberg und Udo Walz. Berlin ist eine Bühne, und bei dem Stück, das da gespielt wird, kommt es nicht darauf an, wie lang es ist, sondern wie bunt.

Mich hat Berlin aufgefressen, anfangs. Ich komme aus Duisburg, da fährt der letzte Bus abends um halb elf, und sonntags ist da höchstens Trödelmarkt. So was wie 'nen Späti gibt es bei uns gar nicht, und wenn du montagabends spontan Lust bekommst, tanzen zu gehen, kannst du das nur auf eine Art und Weise tun. Und zwar abtanzen. Ja, da kannst du als Jugendlicher noch in den Zwischendörfern stecken bleiben, wenn du den letzten Anschlussbus verpasst. Hängste da. Egal, dafür haben wir Stahl und Kohle.

Ich kam also nach Berlin, und mein erster Gedanke war: „Scheiße, Saskia! Du hast 22 Jahre deines Lebens anscheinend nicht gelebt!" Entdecke die Möglichkeiten! Alles ist jederzeit verfügbar! Die Stadt steht nie still, es ist immer was los. Du kannst nachts im Supermarkt einkaufen und sonntags shoppen gehen. Erlebst Geschichte wie sonst nirgendwo, bist im Osten und gleichzeitig im Westen. (Beruhigt euch, ich meine das so, dass man auf dem Mauerpfad in Mitte mit einem Bein im Osten stehen kann und mit dem anderen Bein im Westen. Bei Touristen ein sehr beliebtes Motiv.)

Feiern kannst du in Berlin 365 Tage im Jahr, 24 Stunden am Tag. Ich glaube, mit dem damit verbundenen Tourismus finanziert das Land Berlin seine ganzen Baustellen. JAAAHAHAA, macht alles Spaß, bis du mal deine Ruhe haben willst, es aber so laut in der Wohnung ist, dass du das Gefühl hast, der sommerliche Junggesellenabschied betrunkener Engländer findet nicht auf der Straße, sondern in deinem Wohnzimmer statt. Aber auch egal, dafür hatte ich immer den kürzesten Heimweg. Entweder man wohnt mittendrin, und es ist was los, oder man hat seine Ruhe und wohnt am Rand. Nur wenige haben das Privileg, mittendrin zu wohnen und trotzdem Ruhe zu haben.

Für alle, die noch nie in Berlin waren: Kommt her, Leute! Aber kommt im Sommer, dann seht ihr eine bunte, tanzende, singende Stadt. Ist für jeden was dabei. Ich liebe Berlin. Pia, Patrick, Falko, Ricarda, Lutz, Yasi, Jan, Alfio und ich haben Berlin gemeinsam entdeckt und kennengelernt, und deshalb gibt es zwischen uns dieses unsichtbare Band. Haben zusammen alles auf eine Karte gesetzt. Herzblut, Geduld, Zeit und 'ne Menge Arbeit investiert. Wir hatten ja nur uns. Neun junge Leute mit unterschiedlichsten Charakteren und Lebenserfahrungen wurden zu einer Familie, zu einem Ensemble. Wir haben uns gegenseitig nach vorn geschubst und uns wieder aufgeholfen, falls jemand stolperte. Wir gaben auf uns acht, halfen uns, diskutierten, stritten und lieb(t)en uns.

Ich weiß, dass ganz viele Leute immer darauf warten, dass jemand was Negatives erzählt, fiese Intrigen auspackt und über den (angeblichen) Zoff hinter den Kulissen tratscht. Leider muss ich euch alle enttäuschen. Natürlich haben wir uns mal angepflaumt oder auch mal heftig diskutiert, aber so einen richtigen Streit? Gab es nicht. An dieser Stelle möchte ich unseren Coaches Julia und Marcell danken. So ziemlich eins der ersten Dinge, die sie uns beigebracht haben, war, dass wir denken und handeln sollen wie ein Ensemble, dass Neid alles kaputt macht, wir so was nicht brauchen und nur gemeinsam funktionieren. „Unsere Gruppe ist nur so stark wie das schwächste Glied!" Und deshalb werden wir immer eine Familie bleiben. Weil wir das begriffen haben. In diesen drei Wochen Eingewöhnungszeit hatten wir Kostümproben und weitere Schauspiel-Coachings. Wir ließen seelisch voreinander die Hosen runter, wurden geknackt und resettet. Mussten uns füreinander aufeinander einstimmen, voreinander tanzen und singen (das hätte mal jemand

Kommt her,

Leute!

filmen sollen) und Vertrauen erlernen. Und das Allerschönste daran war, dass sich alle zu hundert Prozent darauf eingelassen haben.

26.4.2011

Unser erster Drehtag. Mann, wurde da noch ein Zirkus veranstaltet. Alle waren so aufgeregt, einige selbstsicher, andere unsicher. Jeder wollte sein Bestes geben und – ACHTUNG, FEHLER – möglichst gut aussehen. Passt beim Schauspielen aber nicht immer unbedingt zusammen. Kommt auf die Szene an. Aber da die Darsteller sogar bei GZSZ geschminkt und gestylt aus dem Bett kommen, dachten wir, das würde bei BTN keinen Sinn machen. Es gab keine Maskenbildnerin, außer für Shootings. Damit es echter aussieht, sollten wir uns selbst schminken. Sehr zum Leidwesen der Damen. Habe bis zuletzt dafür gekämpft. Ich glaube, BTN ist das einzige Format, in dem die Darsteller manchmal wirklich komplett ungeschminkt sind. Kein Puder, nix. Haste ja auch nicht im Alltag drauf, wenn du morgens aufstehst oder aus der Dusche kommst.

Leider ging dieser „natürliche Look" zwischendurch verloren, und aus Zeitgründen war es auch nicht immer möglich, das Make-up anzupassen. Wenn ich jetzt an Alinas Zimmer denke, sehe ich immer noch die Mädels vor mir, wie sie sich alle vor dem Spiegel am Schreibtisch geschminkt haben. Ich hatte nämlich das beste Licht. Als das Make-up drauf war und sich jeder auf die Szene vorbereitet hatte und umgezogen war, besprachen wir den Ablauf mit dem Realo (Realisator/Regisseur). Währenddessen richtete die Requisite die Szene ein, Kamera- und Tonmann/-frau bezogen ihre

Stellung. Jeder ging auf seine Anfangsposition: „Uuuu-uund, bitte!" „Berlin – Tag & Nacht" war geboren.

Übrigens wurde das Projekt in der Entwicklungszeit umbenannt. Es hieß zuerst „Tag und Nacht Berlin". Aber psst. Ich muss zugeben, es macht sich schon ein bisschen Wehmut breit, während ich das hier schreibe. Fühlt sich an, als hätte ich Muttergefühle für das Projekt entwickelt. Der erste Drehtag sollte etwa acht Stunden dauern, wir haben aber gefühlte 13 gebraucht. Obwohl – so war das eigentlich immer. So läuft's eben beim Fernsehen. Achtung, Merksatz: Es bleibt nie bei der vorgesehenen Drehzeit. Manchmal ist man aber auch früher fertig als geplant. Dann hat man sozusagen Vorlauf, und deshalb weißt du nie genau, wann du nach Hause kommst. Das musste sich ja auch erst mal alles, in Jugendsprache ausgedrückt, „eingrooven".

TAG UND NACHT

Der Sommer stand vor der Tür. Unser beziehungsweise mein erster Sommer in Berlin. Okay, wir hatten ein bisschen Schiss vor den Krawallen am 1. Mai. Ich hatte anfangs sogar Angst, nachts mit der U- oder S-Bahn zu fahren. Vieles von dem, was man in den Nachrichten hört, von irgendwelchen Messerstechereien an irgendwelchen Bahnhöfen, war plötzlich nicht mehr irgendwo. Die Meldungen kamen oft aus Berlin, aus der Stadt, in der ich jetzt wohne. Im Vergleich zu Berlin gibt es in Duisburg keine oder kaum Kriminalität. Das war natürlich etwas beängstigend. Okay, ich hatte auch ein bisschen Schiss vorm Berghain. Da hört man ja viel drüber. Und vieles von dem, was man hört, ist auch wahr! Kleiner Spaß am Rande, ich will ja noch reinkommen.

Die Leute von der Produktion rieten uns, es nicht zu übertreiben, auf unsere Ressourcen und den Energiehaushalt zu achten, gesund zu essen und ausreichend zu schlafen, denn das Projekt sei keine Spaßveranstaltung. Erzähl das mal neun jungen, wilden Leuten, die ihren ersten Sommer in Berlin verbringen. Das WAR eine Spaßveranstaltung. Glaubten wir. Aber dass wir damit ziemlich danebenlagen, sollten wir noch zu spüren bekommen.

Teilweise verschwommen die Tage so ineinander, dass ich gar nicht mehr wusste, ob Wochenende war oder nicht. Natürlich nutzt man das aus. Wir haben Nächte durchgefeiert, zwei Stunden geschlafen, zwölf Stunden gedreht, neue Leute kennengelernt, immer besser die Stadt und ihre Vorteile entdeckt. Die Nachteile sollten wir noch erfahren. Dazu später mehr. Überall ging

irgendwas, teilweise waren wir auf drei bis vier Partys am Abend, und alle hatten ja so viel zu erzählen. Wir übertrafen uns gegenseitig mit neuen Geschichten: mit Locations, die wir neu entdeckt hatten, oder welchen Döner man auf jeden Fall probieren sollte. Aber bis ich das perfekte Solarium gefunden hatte, brauchte ich auch zwei Jahre. Es gibt einfach zu viele Möglichkeiten in dieser Stadt. Der Sommer gehörte uns. Und Berlin wusste das.

Ich habe in einem Sommer in Berlin so viel erlebt wie in Duisburg in einem ganzen Jahr nicht. Die Eindrücke waren so überwältigend, dass ich zu Hause gar nicht alles erzählen konnte. Die Telefonate wurden kürzer und seltener. Ich begann mich abzunabeln. Ich erinnere mich noch genau an den Tag, als ich in die Heimat gefahren bin und mir dort zum ersten Mal Berlin fehlte – und ich wieder zurück wollte. Das war wirklich komisch. Ich hatte meiner Heimat gegenüber ein schlechtes Gewissen und auch all den Leuten gegenüber, die ich zurückgelassen hatte. Natürlich wird Duisburg immer meine Heimat bleiben, schließlich bin ich da aufgewachsen und habe dort Familie und Freunde. Aber ich hatte das Gefühl, rausgewachsen zu sein. Gerade am Anfang war es sehr schwierig für mich, beide „Welten" miteinander zu vereinen und beiden gerecht zu werden. Eine Welt musste ich etwas vernachlässigen, um mich zu hundert Prozent auf die andere konzentrieren zu können, denn das war schließlich die Welt, die ich mir ausgesucht hatte und in der ich in Zukunft leben wollte.

Wenn ich das jetzt alles rückblickend betrachte, dann hat es ziemlich lange gedauert, bis ich wirklich nach Duisburg fahren und abschalten konnte. Das Gefühl genoss, in Duisburg zu sein, und nicht mehr mit den

Gedanken in Berlin festhing. Das ist aber normal. Schließlich steckte ich nicht nur meine ganze Energie in die Arbeit, sondern setzte auch alles daran, Berlin zu meinem Zuhause zu machen. Aber das geht natürlich nicht über Nacht.

Meine Energiereserven waren schnell aufgebraucht, die Arbeit wurde härter und schneller. Feiern ging ich nur noch am Wochenende, damit ich unter der Woche noch bei Stimme war. Die Spaßveranstaltung begann ganz schön an den Kräften zu zehren. Drei Monate feierten wir quasi durch, und dann dauerte es auch nicht mehr lange, bis wir den ersten Ärger mit dem Sender und der Produktion bekamen. Man sah den Szenen an, dass wir unausgeschlafen, unkonzentriert und nicht bei der Sache waren. Die falschen Prioritäten setzten, Augenränder und versoffene Stimmen von der letzten Partynacht hatten. Aber es war einfach zu verführerisch. Berlin hatte uns verführt. Nach einem mütterlichen Arschtritt rissen wir uns zusammen und konzentrierten uns wieder auf das, was wichtig war. „Einen Wodka-Red-Bull, bitte." Wir konnten aber auch schlicht nicht mehr. Die Arbeit und das ganze Drumherum hatte uns so eingenommen, dass wir keine Kraft mehr zum dass wir keine Kraft mehr zum Feiern hatten.

„DU MUSST ENDLICH ANFANGEN, DEIN ÄNDERN ZU LEBEN"

Dieser Satz hat mich geprägt. Normalerweise bin ich ein veränderungsscheuer Mensch, der gerne an Altem festhält und sich an Erinnerungen klammert. Veränderungen machten mir Angst. Es ist auch nicht so, dass ich die Routine liebe, im Gegenteil, ich bin sehr spontan und brauche viel Abwechslung. Aber sobald es um eine Lebensveränderung geht, überleg ich mir alles ganz genau, und zwar dreimal.

Wegen meiner offenen und ehrlichen Art werde ich als sehr selbstbewusst eingeschätzt. Bin ich auch. Aber sobald ich vor einer Menschenmenge oder auf einer Bühne stehe, werde ich ganz nervös. Ich weiß nicht warum, aber wenn ich vor einer Kamera stehe, ist das ganz anders. Da fühle ich mich sicher. Deshalb mag ich auch nicht zum Theater. Erstens mag ich die „theatralische Darstellung" beim Theater nicht, und zweitens hasse ich es, eine Bühne zu betreten. Ich weiß dann nie, wo ich hingucken soll, und versuche mich abzulenken, damit ich was zu tun habe, etwa mit dem Drehen von Handyvideos. Würde ich auf der Bühne stehen und moderieren, wäre das was ganz anderes. Ich mag es nicht, mich selbst zu feiern. Und manchmal bin ich auch schüchtern. Irgendwie glaube ich mir gerade selbst nicht, aber es ist so.

Jedes Mal, wenn ich wieder in der Heimat war, wurde mir unterstellt, ich hätte mich verändert. Da frage ich mich: „Ist das nicht normal? Ist Leben denn nicht Veränderung?" Das kann ich immer noch bejahen. Sich verändern bedeutet ja nicht, sich negativ zu verändern. Es bedeutet auch nicht, dass du deinen Charakter änderst. Es bedeutet, dass du dich den Umständen anpasst und dir dabei hoffentlich selbst treu bleibst. Dich einfach weiterentwickelst. Fragt man dich heute, was du willst, und dann noch einmal in zehn Jahren, werden die Antworten komplett unterschiedlich ausfallen. Man lernt aus Erfahrungen und Fehlern, okay, der eine mehr, der andere weniger, entwickelt sich weiter und findet vor allem zu sich selbst. Das ist ein Prozess, den jeder Mensch durchmacht. Entscheidend ist dabei die Art der Erfahrungen, die du machst.

Und deshalb und aus keinem anderen Grund ist Veränderung, Anpassung und Entwicklung eines Menschen meiner Meinung nach biologisch und ethisch gesehen eine ganz normale und natürliche Sache. Hätten wir uns nie angepasst und weiterentwickelt, säßen wir immer noch in der Höhle, und ein Wort wie Psychosynthese wäre noch gar nicht erfunden worden, weil wir uns nur mit Grunzlauten verständigen würden. (Für alle, die diesen Satz nicht verstanden haben: Also. Verändern, ne? Verändern is nommal. Jeder macht und tut dat. Denn hätten wir uns nie verändert und angepasst, hätten wir uns ja nie weiterentwickelt, ne? Und wir stammen ja vom Affen ab, ne? Ja, stammen wir. Nein, Adam und Eva sind nicht ... na, googel doch nach. Also, dann wären wir jetzt noch Affen, die auf einem Baum sitzen und keinen Plan haben von dem, wat se grade tun. Oder dat se überhaupt wat tun, und dat au wissen.)

Das Problem daran ist, dass ich oft zu große Angst davor hatte, weil ich Veränderung immer mit etwas Negativem assoziiert habe. Ich habe mich nicht verändert, lediglich weiterentwickelt. Du merkst, dich interessieren plötzlich andere Sachen als vorher, du magst andere Musik als früher, setzt andere Prioritäten. Aber du hast Angst, das zu zeigen. Warum? Deine Mitmenschen spüren das. Steh dazu! Bist du denn deshalb auf einmal ein anderer Mensch und plötzlich nicht mehr treu, ehrlich, vertrauensvoll, großzügig und was weiß ich noch was? Nein! Der Charakter eines Menschen ändert sich nicht, nur die Ansichten und Interessen. Und das ist nicht verwerflich. Und deshalb konnte ich auch nie böse sein, wenn mir jemand sagte, ich hätte mich verändert. Weil ich wusste, dass ich immer noch ich war. Nur ein Stück erwachsener.

ICH BIN UND BLEIBE IMMER ICH, EGAL WAS PASSIERT.

Ich fand es auch manchmal schade, wenn Leute so was nur aus Neid gesagt haben oder weil sie rechtfertigen wollten, warum sie so geblieben sind, wie sie sind. Dabei war ich früher so unglücklich, aber heute finde ich immer mehr zu mir selbst, auch durch die Schauspielerei. Und das macht mich zu einem glücklichen Menschen. Love yourself a little bit more.

„ENTSCHULDIGUNG, BIST DU NICHT ...?"

Wie ist das, wenn du quasi über Nacht bekannt wirst? Dein Leben auf den Kopf gestellt wird und alle plötzlich etwas von dir wissen wollen? Ihr kennt ja sicherlich den Spruch mit den zwei Seiten der Medaille. Ich kenne keinen Bereich wie die Fernsehbranche, in dem die Kehrseite so deutlich zu spüren ist – trotz aller Vorteile, die ich genieße.

Der Sommer neigte sich dem Ende zu, und bald sollte die erste Folge von „Berlin – Tag & Nacht" ausgestrahlt werden. OH MEIN GOTT, WAREN WIR AUFGEREGT. Ich konnte zwei Tage nicht richtig essen, schlafen und denken. Ich habe mich natürlich total gefreut und war sehr gespannt, wie das alles ankommen wird, aber andererseits, und das machte mir ein wenig Angst, wusste ich genau, dass es kein Zurück mehr gab. Mein Gesicht wird nun täglich eine Stunde im TV zu sehen sein. Und es wird schreckliche Fotos von mir geben.

Natürlich wurden wir im Vorfeld gebrieft, gewarnt und eigentlich echt gut aufgeklärt über das, was da auf uns zukommen wird. Zumindest über die Ausmaße, die in etwa abzusehen waren. Aber wie das immer so ist, glaubt man weder seinen Eltern noch seinen Chefs oder sonst einer Autorität. Ich glaube, es liegt in der Natur des Menschen, selbst auf die Fresse fallen zu WOLLEN. Damit man es am eigenen Leib spürt und seine EIGENE Erfahrung macht. So ein Mensch bin ich oft. Bevor ich einen Rat annehme, muss ich erst mal alles selber testen. Ich habe es am eigenen Leib gespürt. Und das nicht gerade sanft.

Das Ganze lief in etwa so ab: Kurz bevor die erste Folge ausgestrahlt wurde, bekamen wir vermittelt, wie man sich in der Öffentlichkeit verhält, was man auf keinen Fall machen oder sagen sollte. Und wir wurden über unsere Verantwortung in Kenntnis gesetzt. Also, sorry, jetzt mal stopp, Leute. Wie soll ick bitte Verantwortung in der Öffentlichkeit übernehmen, wenn ich so sehr damit beschäftigt bin, für mich selbst verantwortlich zu sein? Ich gehöre nicht zu denen, die sich verstellen, warum sollte ich mich für die Öffentlichkeit zusammenreißen? SASKIA! DU HAST JETZT EINE VORBILDFUNKTION. Hahaha. War übrigens mein Wort 2011: Vorbildfunktion. Ick hätte allerhöchstens 'ne Vollbildfunktion bieten können. Da haben wir doch wieder ein Arschloch gefunden. Vorbild zu sein ist nämlich auch immer ... na ja, halt einfach doof. Oder kennt ihr jemanden, der morgens aufsteht und sagt: „Morgeeeeeen! Oaaaah, hömma Siggi, weeste, worauf ick jetzt total Lust hätte? Sooo'n richtijet Vorbild zu sein. Dit wär't jetzt!" Nein. Nicht mal Eltern sind das freiwillig.

Jedenfalls war das alles Neuland für mich und ich hatte keine Ahnung, welche Lebensbereiche sich mit dieser „Verantwortung" vollkommen verändern. Wir lernten, auch mit übergriffigen Fans in Extremsituationen umzugehen, wie wir am besten unsere Facebook-Profile schützen können und wem man besser nicht vertrauen sollte. Alles in allem muss ich sagen, dass wir wirklich gut vorbereitet wurden für die ersten Wochen. Insgeheim dachte ich mir immer: „Jaa, is' klar. Lass die mal alle ruhig labern, Saskia. Du machst eh dein eigenes Ding, und wenn dir jemand doof kommt, setzt du dich einfach auf ihn drauf. Dann habe ich ihn nämlich im wahrsten Sinne des Wortes plattgemacht. HA!"

Alles

total

geil.

Ich versuche jetzt nicht irgendwie gewollt witzig zu sein, sondern möchte euch nur schildern, wie es sich für mich angefühlt hat. Ich konnte das mit dem „Berühmtsein" einfach nicht ernst nehmen, weil ich nicht glauben konnte, dass es Wirklichkeit werden wird. Okay, Saskia, vielleicht werden dich zwei oder drei Leute auf der Straße erkennen, also geh vorbereitet aus dem Haus, dachte ich. Doch es kam anders – und nun will ich meinen vielen Fans erzählen, „wie ich es geschafft" habe. Das ist für mich sogar jetzt noch unbegreiflich.

Bin grad auf dem Weg nach Essen. Sitze in der Mitfahrgelegenheit. Coole Leute. Ich werde häufig gefragt, warum ich Mitfahrgelegenheiten nutze. Ob ich mir denn keinen Zug oder Flug leisten könne oder ein eigenes Auto. Warum denn nicht, frage ich dann immer zurück. Es dauert zwar fast so lange wie mit dem Zug, ist aber deutlich günstiger. Wenn ich keinen Zeitdruck habe, fahre ich gern per Mitfahrgelegenheit. Wurde auch schon mal gefragt, warum ich ins Solarium gehe, ob ich mir etwa kein eigenes leisten könne. Hallo? Warum soll ich auf einmal nicht mehr ins Solarium gehen? Nur weil ich in der Öffentlichkeit stehe? Ist das etwa auf einmal verwerflich oder asozial? Schon mal die Stromrechnung von jemandem gesehen, der ein Solarium zu Hause hat? Das lohnt sich doch überhaupt nicht. Da geb ich 'n Scheiß drauf.

Ich mache all die Dinge, die ich auch schon gemacht habe, bevor ich bekannt wurde. Ich wähle bewusst das Wort „bekannt" statt „berühmt". Aber manchmal geht das nicht mehr. Man kann natürlich noch all die Dinge machen, die man immer schon gemacht hat, aber man muss es nun einfach ein bisschen anders planen. Ich bin ein Mensch, der gern auf Festivals oder

DEUTSCHER
FERNSEHPREIS
2013

Open-Air-Veranstaltungen geht. Ich gehe auch gerne schwimmen oder tanzen. Aber gerade solche Aktionen muss ich mir jetzt dreimal überlegen. Und das kann manchmal echt nervig sein. Jeder der dir sagt, es sei NICHT ab und zu nervig, lügt. Es ist nur eine Frage des Umgangs und des Akzeptierens. Du musst es akzeptieren, es gehört zu deinem Job, dass dich die Leute erkennen, und du musst lernen, damit umzugehen.

Am Anfang ist natürlich ALLES TOTAL GEIL. Als mich die ersten Leute erkannt haben (fiel nicht schwer, denn sobald ich den Mund aufgemacht habe, war's vorbei), hab ich mich natürlich sehr gefreut, mich aber auch gleichzeitig geschämt. Bin manchmal schüchtern. Auf einmal bekommst du Einladungen zu Partys, bei denen du sonst vor der Tür gestanden hättest, wirst anders behandelt (was ich hasse), und einige kriechen dir richtig in den Hintern (hasse ich noch viel mehr). Aber warum? Warum behandeln die Leute dich auf einmal, als wärst du was Besseres oder etwas GANZ BESONDERES MIT SO SCHÖNEN AUGEN? Weil du regelmäßig im Fernsehen zu sehen bist? Deshalb bin ich doch kein besserer Mensch.

Ganz schön viele Leute aus dem TV-Business denken leider genau das von sich. Finde ich immer total lächerlich. Sind anscheinend alle nicht cool genug und müssen sich daher Aufmerksamkeit und Bestätigung durch abgehobenes Verhalten abholen. Kleines Beispiel aus der Praxis. Ich war eingeladen zum Deutschen Fernsehpreis in Köln, BTN war ja nominiert. Beim Einlass am roten Teppich hatte ich noch den meisten Spaß. Zunächst haben uns die Fotografen nicht erkannt, wahrscheinlich weil ich, ungewohnt, ein Kleid trug. Konnte ich verstehen, und war auch gar nicht schlimm. War froh, dass ich mich selbst erkannt

habe. Das Publikum auf solchen Veranstaltungen verhält sich immer gleich: Die „Berühmten“ zeigen ihre zwei Gesichter. Das, wenn die Presse noch vor Ort ist und überall Kameras klicken und Fotografen rumlaufen, und das, bei der die gesamte Presse vom Geschehen ausgeschlossen ist und keiner mehr Gefahr läuft, fotografiert zu werden. Zu einer bestimmten Uhrzeit wird die Presse bei solchen Veranstaltungen nämlich immer rausgeschmissen.

Plötzlich werde ich begrüßt, Leute kommen auf mich zu und fragen irgendwas, einige stoßen mit mir an oder wollen sogar ein Foto machen. Wir tanzen, machen Smalltalk, feiern. Wie auf einer ganz normalen Party eben. Hahaha, von wegen normale Party. Solange die Presse nämlich noch da war, kannte mich, die asoziale Kampflesbe von dem noch asozialeren BTN, kein Schwein. Du wirst schief angeguckt, wenn überhaupt. Wir fühlten uns total ausgeschlossen. Und das finde ich echt mies. Die Leute unterhalten sich mit dir, gucken dir dabei aber nicht in die Augen, sondern die ganze Zeit in der Gegend rum. Man könnte ja irgendeinen ganz Wichtigen verpassen. Sind die Kameras weg, ändert sich das Verhalten der „Stars und Sternchen“ schlagartig. Ich will nicht alle über einen Kamm scheren, aber meistens läuft's genau so und nicht anders. Die Presse könnte ja mitbekommen, dass man sich mit den Asis von BTN abgibt. Das wäre doch schlecht fürs Image. Aber triffst du irgendjemanden im Waschraum oder im Shuttle auf dem Rückweg ins Hotel oder im Aufzug, fangen sie direkt an zu fragen. Bloß würden diese Leute ihr Interesse niemals öffentlich verkünden. Das wäre ja auch niveaulos.

Wir haben den Deutschen Fernsehpreis nicht gewonnen, aber immerhin war ich namentlich stellvertretend für den Cast nominiert, und wir waren dabei. Und das ist ja bekanntlich alles. Während der Show wurden wir belächelt und nicht ernst genommen. Das tat echt weh. Wenn man weiß, was da an Arbeit und Herz drinsteckt und was wir auch schauspielerisch (okay, nicht alle von uns) herauszuholen versuchen (indem man zum Beispiel ohne Tränenstift arbeitet), dann war das müde Lächeln, das man für uns bei der Verleihung gerade noch übrig hatte, schon ein echter Schlag. Das gebe ich zu. Der Trailer, der dort gezeigt wurde, war aus den asozialsten Szenen zusammengeschnitten, die es bis zu dem Zeitpunkt bei BTN überhaupt gab. Ich glaube, das mussten die Veranstalter so machen, um zu rechtfertigen, warum wir keinen Preis gewonnen haben. Egal, was die Leute da draußen von „Berlin – Tag & Nacht" halten, ob die Nominierung gerechtfertigt war oder nicht: Fernsehen ist Unterhaltung, und diese Unterhaltung lieferten wir ja offensichtlich.

FREUNDSCHAFT

Wie viele „Freunde" behaupten, sie täten alles für dich, seien immer für dich da, stünden bedingungslos hinter dir? Und wie viele von denen haben es schon getan? Wie viele Leute verteidigen dich auch in deiner Abwesenheit? Der Mensch ist ein egoistisches Wesen, da er nichts tut, ohne etwas davon zu „haben". Sei es Aufmerksamkeit, ein Dankeschön, oder um ein gutes Karma zu erlangen. Das ist, philosophisch gesehen, Fakt. Selbst wenn man nur „Guten Morgen!" sagt, tut man das nicht, weil man aus tiefstem Herzen seinem Gegenüber einen guten Morgen wünscht, sondern um Höflichkeit und Anstand zu zeigen, so wie es als „gut gesittet" von der Gesellschaft erwartet wird.

Hört sich jetzt sicherlich verwirrend an, aber der Mensch ist nun mal durch seinen Egoismus geprägt, was aber keineswegs etwas Schlechtes bedeutet. Das ist ein anderer Egoismus als der, den man mit negativem, egoistisch-selbstbezogenem Verhalten in Verbindung bringt. Ich beschreibe hier den psychologischen Egoismus, der meiner Meinung nach völlig gesund ist. Solange dieser psychologische Egoismus symbiotisch verläuft, also beide Seiten einen Vorteil genießen, wird er auch ethisch von der Gesellschaft völlig akzeptiert. Ich glaube, der Mensch kann gar nicht anders, als nach eigenem Vorteilsdenken zu handeln. Jeder will sein eigenes Glück und seine eigene Zufriedenheit sicherstellen – ein egoistisches, aber natürliches Ziel, nach dem jeder Mensch strebt.

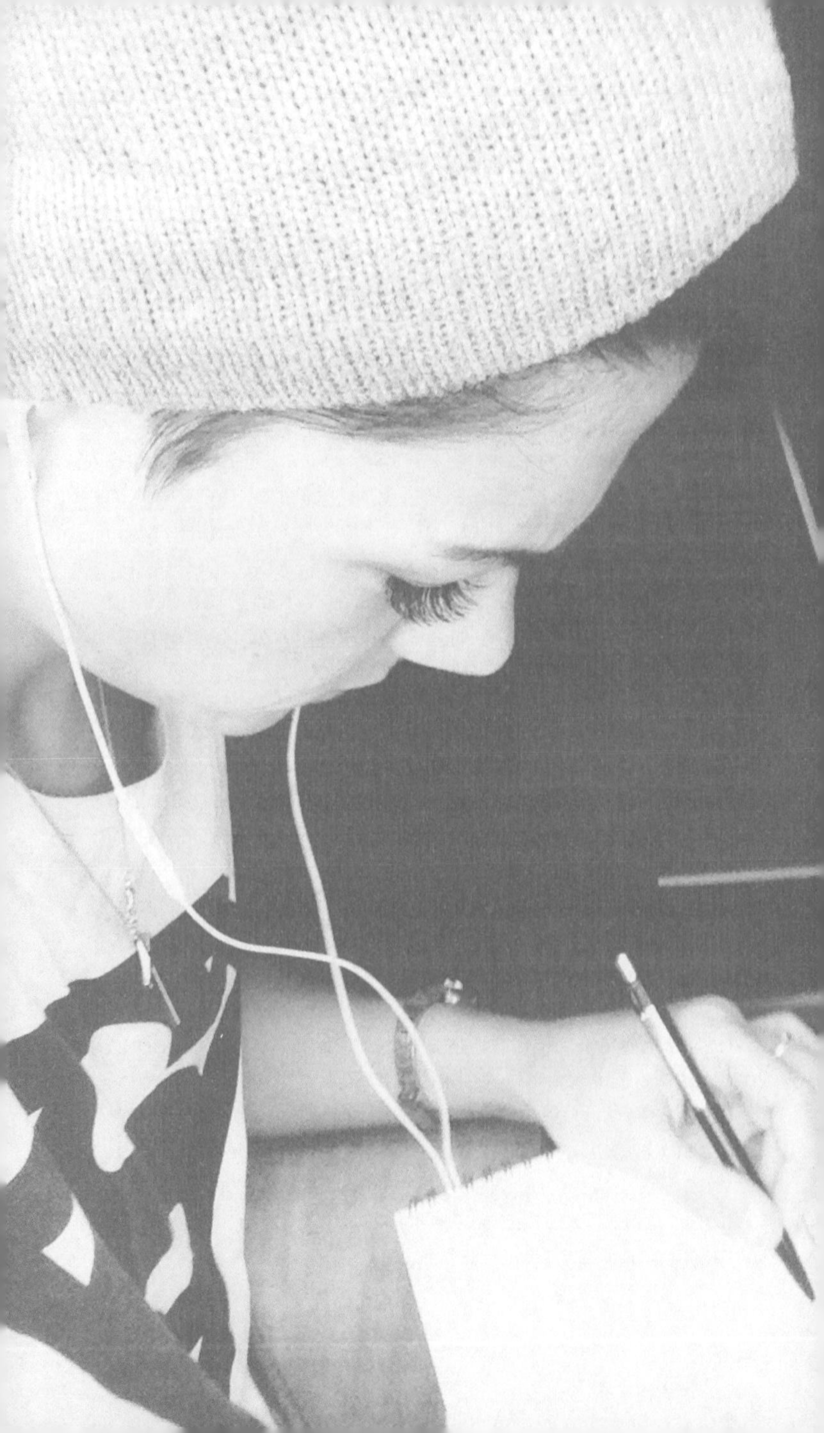

Aber ich finde auch, dass es etwas gibt, das diesen fast schon instinktiven Egoismus außer Kraft setzt: die Liebe. Obwohl, eigentlich ist es paradox. Unser „Streben nach Glück" (sehr, sehr geiler Film übrigens) versuchen wir in jeder Lebenslage durchzusetzen. Auch in der Liebe. Doch Liebe kann auch blind machen, weil sie genau dieses Streben nach Glück durch verzerrte Wahrnehmung kaputt machen kann. Das passiert, wenn man den Partner einengt oder sich an ihn klammert. Du willst die Liebe und damit dein Glück festhalten, aber gleichzeitig ignoriert die Liebe den Verstand, der uns eindeutig davor warnt, dieses Glück durch Klammern oder Einengen kaputt zu machen. Hmm, schwierig.

Die freundschaftliche Liebe tickt da etwas anders und macht längst nicht so blind wie die „verliebte Liebe". Das macht eine Freundschaft unangreifbar und viel robuster, da Freunde selten Eifersucht oder besitzergreifendes Verhalten entwickeln. Kann Freundschaft länger bestehen als Liebe? Ist Freundschaft nicht auch Liebe? Klar, nur in anderer Form. Eine Freundschaft fußt auf den gleichen Werten wie die Liebe. Ehrlichkeit und Aufrichtigkeit, Vertrauen und Zuverlässigkeit, Treue und Respekt. Habe ich Freundschaft geschlossen – richtige Freundschaft, nix Facebook –, bin ich dieser Person gegenüber loyal. Ich will ja auch, dass mein Freund/meine Freundin mir gegenüber loyal ist.

Oft bekomme ich leider mit, dass es anscheinend immer mehr Leute gibt, denen solche Werte egal sind. Sie zeigen Desinteresse an ihren Mitmenschen und sind lediglich an ihrem eigenen Nutzen interessiert. Und jeder Mensch merkt es, wenn er ausgenutzt wird (nicht im großen Stil). Trotzdem gibt es leider genug, sorry, Dummerchen, die das mit sich machen lassen. Aus Angst, allein dazustehen. Ich habe doch lieber zwei oder drei richtige Freunde als zehn falsche. Auch wenn ich noch jung bin, im Laufe der Zeit unterscheidet man Freunde von Bekannten, und man merkt automatisch, welche Personen man nie mehr missen mag und auf welche Menschen man gut verzichten kann. Hätte ich das mal als Jugendliche gewusst. Ich hätte mir viel Ärger ersparen können.

Für mich ist Freundschaft – und damit Liebe – das Wichtigste auf der Welt. Und das bedeutet, dass ich meinen Freunden gegenüber loyal bin, ehrlich meine Meinung vertreten kann, ohne Angst zu haben, dass ein Streit ausbricht. Dass ich meinen Freunden Respekt zolle, ihnen Anstand und Höflichkeit erweise, sie verteidige und wir einander vertrauen können. Das tue ich, weil ich meine Freunde liebe, und auch, weil ich natürlich will, dass sie mir ebenso gute Freunde sind. Womit wir wieder beim Egoismus wären und der Symbiose zu beiderseitigem Vorteil. Freunde haben bedeutet Freund sein, und das ist ein Wert, ohne den zu leben für mich undenkbar wäre. Schade, dass es wirklich Menschen gibt, denen das gleichgültig ist. Menschen, die ihren ungesunden Egoismus ausleben und sich von Raffgier leiten lassen. Den Unterschied macht hier, wie so oft, die zwischenmenschliche Liebe.

Bitte
fick
dich.

DIE KEHRSEITE DER MEDAILLE

Was mich an meinem Beruf manchmal nervt, ist der eigene Bekanntheitsgrad. Versteht mich bitte nicht falsch, ich bin nicht undankbar, im Gegenteil. Bei jemandem wie mir läuft das ja auch noch relativ human ab, das kann man mit dem Leben eines Justin Bieber nicht vergleichen. Dennoch: Sich einmal unerkannt so richtig asozial danebenbenehmen, das wär's! Obwohl – mach ich eigentlich immer.

Damit ich kein schlechtes Karma anziehe, darf ich mich hier nicht so krass beschweren, also muss ich mich kurz halten. Das Schwierigste an einem Leben in der Öffentlichkeit ist es, echte Freundschaften zu finden. Als es mit BTN losging, wurde ich schon bald immer öfter auf der Straße angesprochen, und alle wollten auf einmal irgendwas von mir. Auch Leute aus der Heimat haben sich wieder gemeldet: „Saskia, altes Haus, wie geht's dir, was machst du so? Hab gehört, du bist jetzt im Fernsehen?! Wollte eh mal nach Berlin kommen, könnten wir uns nicht treffen?" HAHAHA, BITTE FICK DICH. Jahrelang hat dich nicht interessiert, was ich mache, also steck dir deine beschissene Heuchelei gefälligst woandershin. So was kann ich ja leiden. Vielleicht klingt das jetzt kindisch, aber genau diese Leute haben mich in der Schule immer geärgert und ausgelacht (dafür hatte ich immer 'ne Eins, mein heimlicher Triumph). Und jetzt AUF EINMAL wollen die wissen, wie es mir geeeeeeht? Is' klar. Es tat so gut, denen das nach all der langen Zeit reinzudrücken. Ha!

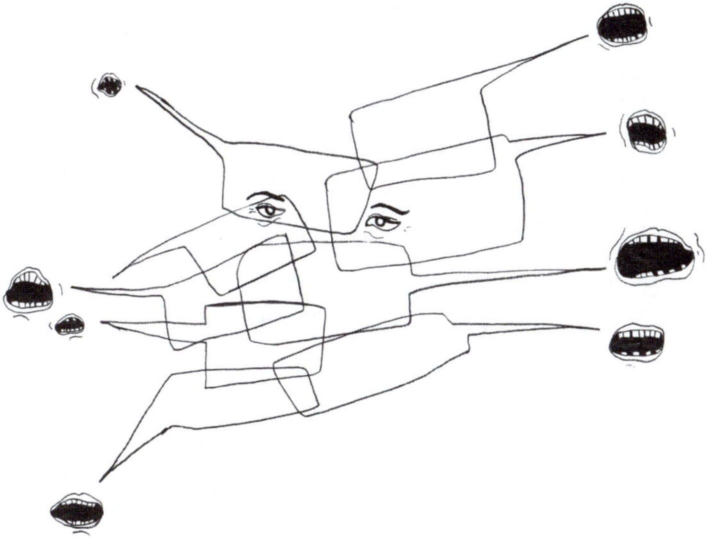

Meine Mama hatte mal wieder recht. Sie sagte immer: „Du hast zwar keine Markenklamotten, dafür aber einen schlauen Kopp, und du wirst sehen, was am Ende mehr wert ist." Trotzdem wollte ich Buffalos. Hab se ja auch bekommen. Zwar erst, als die fast wieder out waren, dafür aber in Kombination mit einer Adidas-Jogginghose, die man an der Seite aufknöpfen konnte. Ich war der King. Dass es eine gefälschte aus der Türkei war, wusste ja niemand. Jedenfalls merkte ich schnell, wer denn schon mal nicht meine Freunde waren und es auch nie werden würden.

Hier in Berlin fiel es mir schwer, jemandem zu vertrauen und voll und ganz als Freund zu akzeptieren. Man entwickelt nämlich irgendwann so eine Art Grundskepsis, die man auch braucht, um nicht auf die Nase zu fallen. Will die jetzt nur mit mir befreundet sein, weil ich Alina bin? Wie kann ich mir da sicher sein? Wohl oder übel gar nicht. Blöd wird es, wenn Leute oder mögliche Freunde diese Skepsis zu sehr spüren. Die kann nämlich ziemlich verletzend auf sie wirken, auch wenn es gar nicht bös gemeint ist von mir. Das ist doch nur ein Schutz. Irgendwann hatte ich dann so ein Feingefühl entwickelt, dass ich sofort wusste, wer mich, Saskia, mochte – und nicht Alina. Hundertprozentig sicher sein kann man sich da aber trotzdem nie.

Über einen längeren Zeitraum gibt es jedoch immer wieder Situationen, in denen sich eine Freundschaft ganz klar beweist. Dann lernt man, wer für einen da ist und wer immer nur so tut. Einige machen sogar so eine Art Test, um festzustellen, ob man seinen vermeintlichen Freunden auch wirklich vertrauen kann. Dazu erzählen sie jemandem ein Gerücht und warten ab, ob es sich verbreitet oder nicht. Das habe ich aber nie gemacht, fühlt sich irgendwie falsch an. Die wirklich wichtigen Dinge habe ich einfach niemandem erzählt. Dann kann man auch nicht auf die Nase fallen.

„BERLIN – TAG & NACHT" // EINE TELEVOLUTION!

Beim Deutschen Fernsehpreis kamen wir uns ungefähr so vor wie die Piratenpartei im Vatikan. Alles alte Säcke, die ich noch nie in meinem Leben gesehen habe. Und wir mittendrin.

Ich möchte darauf hinweisen, dass ich mich jetzt extra so ausdrücke, damit ich das Bild über uns dort nicht zerstöre. Also, überall irgendwelche alten Spießer, die geehrt wurden, weil sie es geschafft haben, dreimal hintereinander zu furzen. Und das seit 20 Jahren in Folge. BEIFALL. Dafür habt ihr die Entwicklung des Fernsehens verpasst, meine lieben Freunde! Und das ist unsere und eure Antwort darauf, warum wir überhaupt nominiert waren. Nicht, weil wir für unsere schauspielerische Leistung belohnt wurden. Nein, sondern weil die Marke „Berlin – Tag & Nacht" als Erste auf den Zug aufsprang, der rasend schnell an euch vorbeifährt. Dank stetig wachsendem Erfolg und Ablegern im Ausland hat sich BTN inzwischen als Erfolgsmarke etabliert. Wir schafften es, eine intermediale Sendung zu gestalten, die es vorher in Deutschland noch nicht gab. Der Markt war da, und wir haben ihn bedient. So einfach ist das. Und deswegen ist mir auch egal, was andere Leute darüber sagen und denken. Schließlich liegen wir über dem Senderdurchschnitt, und da können sich einige andere Sendungen eine Scheibe von abschneiden.

Aber warum hat BTN so einen Erfolg? Was ist sein Geheimnis? Das Geheimnis ist, dass es keins gibt. Durch verschiedene Formate wie „Mitten im Leben" oder

„Verdachtsfälle" hatte sich der Markt schon vergrößert, sodass immer mehr Leute diese ganz bewusste Vermischung von Realität und Illusion gut fanden.

Ich möchte diese Formate allerdings ganz bewusst von BTN abgrenzen. Die Ebenen, nämlich auf der einen Seite das Schauspiel und auf der anderen die Realität, greifen ineinander über. Ein Stilmittel ist dabei die Improvisationsfreiheit. So haben die Zuschauer noch mehr das Gefühl, sich mit den Protagonisten identifizieren zu können, und diese zweidimensionale Ebene wird plötzlich dreidimensional.

Ist die Sendung im Fernsehen vorbei, haben die Zuschauer trotzdem noch die Möglichkeit, Posts der Charaktere bei Facebook zu sehen, weil wir Darsteller dort ein Foto oder Video hochladen. Dass natürlich eine Redaktion dahintersteckt, ist hoffentlich allen Lesern und Zuschauern bewusst. Auch in Interviews bleibt man die aus BTN bekannte Figur, was ich persönlich immer sehr schwierig fand, da man ja nicht nur die eigene Verantwortung trägt, sondern auch die der Rolle. Ich kann mir gut vorstellen, dass dieses Rollenspiel gerade zu Anfang für viele manchmal recht verwirrend war.

Die Zuschauer möchten sich gerne in eine illusionäre Welt entführen lassen. Wir hatten öffentliche Auftritte, waren als Gäste bei Filmpremieren oder als Kandidaten in irgendeiner Show – immer in unserer jeweiligen BTN-Rolle. Sieht das nun der Zuschauer zu Hause im Fernsehen, ist es nur logisch, dass dieses Echtheitsgefühl unterstützt wird.

Ein Beispiel: Die Rollenfigur „Ole ohne Kohle", hinter der Darsteller Falko Ochsenknecht steckt, bringt in der Serie eine Single auf den Musikmarkt, und schwuppdiwupp kann man sofort den Song auch in Wirklichkeit kaufen und downloaden. Den Zuschauern wird also immer wieder von Neuem suggeriert, die WG und alles drumherum seien echt. Ich weiß zwar nicht, hinter welchem geistigen Horizont man leben muss, um das tatsächlich zu glauben, aber es gab sogar schon Szenen – und das ist jetzt kein Scherz –, in die sich Fans einmischten, weil sie dachten, Carlos mache Sofi wirklich runter.

„Solche Sendungen wie eure machen doch das Fernsehen kaputt. Wo ist denn da bitte der Bildungswert?", ist eine oft gehörte Meinung. Meine Antwort lautet: „Wer sich bilden möchte, liest bitte besser ein Buch." Irgendwie finde ich das Ganze auch traurig, weil ich inzwischen weiß, dass leider der geistige Anspruch darunter oft leidet, aber man tut doch auch niemandem weh damit. Ich jedenfalls stehe total hinter dem

Format, weil es mich dort hingebracht hat, wo ich jetzt bin und ich deshalb BTN nur dankbar sein kann.

Aber warum bin ich dann trotzdem ausgestiegen, werdet ihr euch jetzt vielleicht fragen. Ganz einfach gesagt: Normalerweise möchte ich so schauspielern, dass der Zuschauer sich dem Film oder der Serie anpassen muss und nicht umgekehrt. Wer glaubt, einen Film nicht zu verstehen, schaut ihn erst gar nicht an. Wir hingegen durften sogar einige Fremdwörter nicht benutzen, weil angeblich der Zuschauer die nicht versteht. Das war das Einzige, was mich immer ein wenig gestört hat, aber richtig schlimm fand ich das nie, da ich mich ganz klar von meiner Rolle abgegrenzt habe.

Die Protagonisten/Darsteller von „Berlin – Tag & Nacht" sind keinesfalls dumm, nur gibt die Rolle oft nicht vielmehr her. Die Serie verkauft sich gut, und solange man diesen Markt (ent)deckt und nutzt, ist das meiner Meinung nach frei von jeglicher Wertung zu betrachten. Oder soll ich hier mal die Relevanz von Fußballspielen aufzeigen, in deren Halbzeit sich der Zuschauer Alkohol verherrlichende Bierwerbung anschauen muss?

BTN ist und bleibt einzigartig, und deswegen überleben auch andere Ableger nicht lang. Das französische Pendant „YOLO" oder „Wien Tag und Nacht" wurden schon kurze Zeit nach ihrem Start wieder abgesetzt. Tja, solche Asis, die das schauen, gibbet halt nur in Deutschland. Nein, im Ernst, der Spirit der Darsteller und des Teams, die BTN zu dem gemacht haben, was es ist oder zumindest bis vor Kurzem noch war, ist, meiner Meinung nach, unkopierbar.

„Sie schreiben ‚vor Kurzem noch war', Frau Beecks, hat sich das etwa verändert, Ihrer Meinung nach?", könnte ich bald gefragt werden. Ja, leider! Natürlich geht es nicht spurlos an einer Serie vorbei, wenn immer mehr Hauptcharaktere aussteigen. Neue Rollen müssen gefunden werden, die das Format weiterhin tragen können. Leider habe ich auch das Gefühl, dass viele der Neuen komplett andere Ziele haben als die Urgesteine der Sendung. Ich nenne es das Ins-gemachte-Nest-setzen-Syndrom. Ich will aber nicht alle über einen Kamm scheren, um Gottes Willen. Doch auf einmal liegt das Hauptaugenmerk nicht mehr auf dem Schauspiel oder darauf, die Rollenfigur möglichst authentisch darzustellen. Nein, viel wichtiger ist es plötzlich, wie viele Likes man bei Facebook hat oder ob man denn gut aussieht in der jeweiligen Szene. Und das ist der Unterschied zu den Leuten, die das Format aufgebaut haben.

Wir hatten alle dieselbe Angst und dieselben Ziele, deshalb hat das Ganze auch funktioniert. Sobald sich aber die Ziele einer Gruppe widersprechen oder nicht übereinstimmen, entsteht ein Durcheinander. Jetzt, seitdem ich raus bin, bekomme ich mit, wie einige Darsteller fast verzweifeln, weil sie versuchen ihr Bestes zu geben, es von der schauspielerischen Seite aus betrachten, während andere lieber ablästern oder „famesüchtig" geworden sind. Ich hoffe, meine Süßen, wenn ihr das hier lest, dann reißt ihr euch alle mal wieder zusammen. Und bitte fahrt das Projekt nicht gegen die Wand, denn es hat wahnsinnig viel Arbeit gekostet. Ich weiß nicht, wie es ankommen wird, dass ich das jetzt so schreibe, aber ich möchte euch ganz bewusst darauf aufmerksam machen, dass ihr dankbar sein solltet, so einen Job machen zu dürfen – und ihr ihn bitte niemals auf die leichte Schulter nehmt. Ihr seid ja schließlich ein Ensemble.

1. MAI 2011

Eben für ein Brötchen mit Ei und 'ne Cola light 5,70 Euro bezahlt. Die spinnen doch langsam! Sorry, ich bin echt nicht geizig und durchaus bereit, für gute Qualität auch dementsprechend zu zahlen. Aber das war nicht mal ein Bioei, sondern wahrscheinlich irgend so ein Legebatterierotz. Und dafür 5,70? Frechheit! Wer hat denn das Brötchen geschmiert? Justin Bieber höchstpersönlich? Da könnt ich mich richtig reinsteigern. Na ja, Hauptbahnhöfe halt.

Einer meiner bisher krassesten Tage in Berlin war definitiv der 1. Mai 2011. Darfste keinem erzählen. Treffpunkt sollte „Görli" (für alle Nichtberliner: der Görlitzer Park) sein. Ich war mit einer Bekannten unterwegs und auf dem Weg nach Haus, um mich umzuziehen und Pia abzuholen. Nachdem ich mich die 74 Stufen hoch gekämpft hatte und wieder normal atmen konnte, musste ich mich erst mal kurz hinsetzen. Die Dicke kam schon wieder ins Schwitzen. Pia machte auch keinen guten Eindruck, hatte leichtes Fieber und Schüttelfrost. Höchste Zeit also, unsere Kadaver mit Alkohol zu desinfizieren. Obwohl ich echt immer fürs Ausruhen bin, wenn man krank ist, ging das diesmal einfach nicht. Die Angst etwas zu verpassen, war einfach zu groß. Also zogen wir uns an und wollten zumindest für 'n Stündchen hin.

„'n Stündchen", kennt ihr das? Obwohl man schon beim Aussprechen des Worts weiß, dass es nie und nimmer bei einem Stündchen bleiben wird. Das sagen oft Leute, die am nächsten Tag früh raus müssen, um ihr Gewissen zu beruhigen. Eigentlich wollte man ja früher schlafen gehen, aber „'n Stündchen" schadet ja nicht. A little party never killed nobody.

Pia zog ihren roten Massenmördermantel (daran erinnerte er mich immer) an, ich meine billige Lederimitatjacke, und wir starteten Richtung Kreuzberg. Da war die U1 noch die U12. Rein an der Warschauer, raus am Görli. Schnell noch 'n Bierchen im „Späti" gecheckt und rein ins Getümmel. Die anderen suchen.

Das ist ja was für mich. Unter einer Million Menschen drei Leutchen finden. Nerv! Im Park war eine Bühne aufgebaut, und DJs aus der Elektroszene gaben ihr Bestes zum Besten. Mein erstes Open Air in Berlin. Ich leckte Blut. Zum ersten Mal bemerkte ich, was für 'n Volk sich in Berlin rumtreibt, und wenn du aus Duisburg kommst, wo jeder jeden kennt, ist das leicht beängstigend. Irgendwann fanden wir schließlich die anderen, und ich weiß noch ganz genau, dass sich Pia, Patrick, Yasi und Norman gern an diesen Abend zurückerinnern.

Könnte grad schon wieder ausrasten. Da bezahle ich 76 Euro für ein Ticket von Hamburg nach Berlin, und der Handyempfang reißt immer wieder ab. Nicht mal an den vorgesehenen Plätzen funktioniert's. Jedes Mal wird man unterbrochen. Wusaaaa.

Doch zurück zum 1. Mai. Da stand ich also, umgeben von Hunderten fremden schwitzenden Menschen. Vor mir ein Typ mit Dreadlocks, gelben Gummistiefeln, Scout-Turnbeutel auf dem Rücken und machte die ganze Zeit Seifenblasen, als hinge sein Leben davon ab. Und alle drumherum ergötzten sich daran, als gäbe es nichts Schöneres auf der Welt.

Ich schaute mich um, und hinter mir auf der Mauer saßen zwei Mädels, die sich auf einen schönen Abend freuten. Aber irgendwie ging ihr Feuerzeug immer aus, und der Löffel wurde anscheinend nicht heiß genug.

Sie baten mich um Feuer, das ich ihnen auch sofort gab. Erst dann checkte ich, dass die Mädels da allen Ernstes Crack rauchten. Vor meinen unschuldigen Augen. Wenn das meine Mama gesehen hätte. Ich hatte schon ein schlechtes Gewissen, nur weil ich so was gesehen hatte. Wenn man aus Duisburg kommt, kennt man das eben nicht.

Ich schätze, es waren so um die 1500 Leute dort, und alle bewegten sich rhythmisch minimal zum elektronischen Beat. Es gab bestimmt über 20 verschiedene Songs, aber für mich hörte es sich an wie ein einziger. Kurz vor dem Ende der Veranstaltung wollten wir weiterziehen und beschlossen, noch mal KURZ auf Toilette zu gehen. Die Klos im „Edelweiß" sind eigentlich ganz okay, und ich wollte mich weder lang unterhalten noch fünf besoffenen Schweden erklären, wo man denn jetzt noch weiterfeiern könnte. Aber so ist Berlin. Da kann ein Klobesuch schon mal zu einer Facebook-Freundschaft führen.

Wir zogen also weiter durch Kreuzberg und kamen in die Oranienstraße, wo ebenfalls eine große Bühne aufgebaut war. Fünf Leute, drei Minuten, ein Song: „Get Up" von James Brown. Stay on the Scene ... like a sex machine. Wir tanzten auf der Straße und fühlten uns dabei wie junge Götter. Okay, eigentlich standen wir überhaupt nicht mehr „on the scene", weil wir so was von raus waren, und verhielten uns eher like a drunk machine. War uns aber egal, denn wir fühlten uns groß.

Dieser Abend war unbeschreiblich. Magisch. Mitten in der Nacht landeten wir dann irgendwo in einem Lokal oder einer Bar, die ich bis heute noch suche, wenn ich in der Oranienstraße bin. Doch ich find die einfach nicht mehr. Ich weiß noch ungefähr, wie es drinnen aussah, aber der Name der Bar ist mir entfallen. Vielleicht kennt ihr sie ja.

Die ganze Geschichte endete dann wieder einmal bei mir und Pia in der Wohnung. Norman, mit Sonnenbrille und einer Dose „Red Bull" in der Hand, saß im Schneidersitz auf dem Boden vor unserem Bücherregal und starrte Bücher an (WTF). Patrick war mit dem Kopf auf dem Tisch eingeschlafen. Genau wie Pia, die es nicht mal mehr geschafft hatte, sich umzuziehen, und sogar noch die Wasserflasche in der Hand hatte. Ich knipste ein Foto, das aber unter Ausschluss der Öffentlichkeit steht. Wo war eigentlich Yasi? Kein Scherz, die Frage habe ich mir nie gestellt. Na ja, sie kam ja zum Set, war also alles okay.

Ach ja, Pia hatte am nächsten Tag kein Fieber mehr und war vollkommen frei von Beschwerden. Das beweist mal wieder, dass gute Laune und positive Energie förderlich sind für die Gesundheit. (An alle Kinder, die das hier lesen: Hallo Kinder, Alkohol ist nichts Gutes, und in meinen Texten steckt oft Ironie. Nehmt das Ganze also nicht zu ernst und macht bitte um Gottes Willen nichts nach!)

PS: Habe Pia diesen Abschnitt vorgelesen, und sie sagte, dass auch sie den Namen der Bar nicht mehr weiß und ebenfalls schon ewig danach gesucht hat.

MALLE, WIR KOMMEN: BTN-ALLSTARS GO MALLORCA!

Ja, doch, Filmpool hat Humor: Dem kompletten BTN-Cast stand die erste Autogrammstunde auf Mallorca bevor. Und ich liebe es, in „unauffälligen" Grüppchen zu reisen. Wir trafen uns also in Tegel, Mücke machte noch kurz einen Spagat, und dann checkten wir ein. Zwei Tage Aufenthalt, ein echt lockerer Zeitplan und unglaubliche 35 Grad im Schatten. Alle waren bester Laune und freuten sich auf eine coole Nacht mit anschließendem Strandbesuch.

Am Flughafen Palma erwarteten uns schon Mitarbeiter des Megaparks mit neongelben Shirts, auf denen das BTN-Logo nicht größer hätte sein können. Sorry, aber manchmal wünschte ich mir etwas mehr Diskretion. War aber in dieser Konstellation unmöglich. Für ein spontanes Fotoshooting mit 100 deutschen Fans in der Hauptsaison auf Mallorca bei gefühlten 48 Grad musste natürlich noch Zeit sein. Mücke beendete das Ganze mit einem Spagat, und dann fuhren wir mit zwei verschiedenen Bussen in zwei verschiedene Hotels. Eins am Hafen, eins am Strand. Für welches hättet ihr euch entschieden?

Ricarda und ich wählten das Hotel am Strand, der ist nämlich richtig schön. Rein ins Hotel, Sachen ablegen, raus! Umgebung erkunden, nass geschwitzt wieder rein ins Hotel und duschen, was eigentlich sinnlos war, da man beim Abtrocknen schon wieder schwitzte. Das Wetter bestimmte das Outfit, und dein Outfit bestimmte dein Schwitzen. Meine Haare hielten nicht, und an Lidschatten war gar nicht zu denken, da die Luftfeuchtigkeit viel zu hoch war.

Wir trafen uns vor dem Hotel, fuhren mit dem Shuttle zum Megapark, und was uns da erwartete, hätte sich keiner von uns ausmalen können. Dieser Megapark war so was von mega, dass wir gar nicht wussten, wo der Mainfloor beginnt. Wir wurden in unseren Bereich geleitet, wo wir was tranken und uns sammelten. Und tranken.

Falko durfte als „Ole ohne Kohle" live performen, und alles lief nach Plan. Wir sollten nach und nach vom Animateur auf die Bühne geholt werden, um die Leute zu begrüßen. Da ich schon beim Einlass gesehen hatte, wie viele Menschen nur wegen uns da waren, war ich wahnsinnig aufgeregt. Bei großen Menschenmengen bin ich immer sehr schüchtern und muss mir erst mal alles ganz genau anschauen. Außerdem mag ich keine Bühnen. Weiß dann immer nicht, wo ich hingucken soll. Also beschloss ich, mein Handy mitzunehmen und die ganze Zeit zu filmen, damit ich was zu tun hatte.

Dann ging's los: Lasset die Spiele beginnen! Unter lautem Getöse wurden nacheinander unsere Rollennamen aufgerufen, und wir mussten hoch auf die Bühne. Wäre beim Deutschen Fernsehpreis der Teaser gelaufen, der auf Mallorca gezeigt wurde, hätten wir den Preis mitgenommen – jede Wette! Ungefähr zwei Minuten unserer besten Szenen, Outtakes und Schlagzeilen wurden riesengroß auf einer Leinwand gezeigt. Dazu ertönte aus einer irre guten Soundanlage die Trailermusik, und die Leute fingen an zu kreischen. OH MEIN GOTT!

Oh
mein
Gott!

In mir quollen Adrenalin, Freude, Stolz, aber auch Schamgefühle hoch und ich versteckte mich fortan nur noch hinter JJ und Ricarda. Mann, ich kann mich einfach nicht selbst feiern, da komme ich mir doof vor. Ich war überwältigt und geplättet, fast schon gelähmt vor Aufregung. 2000 Leute rufen deinen Namen, was genauso schön wie beängstigend sein kann. So viele Menschen, die uns unterstützen. Ich kam damit einfach nicht klar. Das war mal wirklich eine gelungene und wundervolle Abwechslung von allen Vorurteilen, mit denen du dich als BTN-Gesicht sonst so rumschlagen musst. Dieses Gefühl werde ich nie vergessen, und dafür bin ich ewig dankbar.

Nach der Begrüßung schrieben wir alle 20 Minuten lang Autogramme, dann war das Pflichtprogramm auch schon vorbei und wir durften feiern. Schmidti und Krätze wurden zwar noch mal auf die Bühne geholt, aber das beruhte auf freiwilliger Basis. Patrick hatte leider die Arschkarte gezogen: Er musste einem weiblichen Fan ein Bodypainting malen. Drei Stunden in einem Raum ohne Fenster, in dem es gar nicht schwüler hätte sein können. In unserem Bereich gab es einen kleinen Laufsteg, auf dem im Laufe des Abends irgendeine Tänzerin krampfhaft versuchte, sexy zu wirken. Aber Mücke twerkte nur kurz und battlete dann die Tänzerin vom Feld.

Davor gab's noch eine Geschichte, die ich euch gern erzählen würde, doch das überlasse ich lieber Nocky, weil sie die bessere Sicht auf die Dinge hatte. Mist, eigentlich müsste ich die Story jetzt einfach raushauen. Ich weiß, wie mies das ist, etwas anzudeuten und dann nicht zu Potte zu kommen, aber das kann ich wirklich nicht bringen, sorry! Apropos Pott: Ich war den ganzen Abend genau einmal auf Toilette, weil man jedes Mal über die Bühne gehen musste, um zu den Sanitäranlagen zu gelangen. Das fand ich eher so mittel, aber ansonsten war seitens des Megaparks alles top organisiert.

Aufbruchstimmung. Einige von uns wollten so langsam zurück ins Hotel, um den nächsten Tag noch zu nutzen, da wir erst abends zurück nach Berlin flogen. Ich wollte gerade die Treppe hinaufgehen, Richtung Ausgang, als ich eine Hand an der Schulter spürte und Martin (Basti) mich mit schmerzverzerrtem Gesicht anschrie, ich müsse ihn stützen, seine Achillessehne wäre gerissen. Natürlich nahm ich ihn nicht ernst und musste erst mal lachen. Er aber beteuerte seinen Schmerz und antwortete auf meine Frage, wie das denn passiert sei: „Ich schwör, Saskia! Mir ist jemand hinten reingesprungen!" Einen kurzen Moment freute ich mich über die Wehleidigkeit von Männern, half ihm dann aber selbstverständlich die Treppen hinauf. Aus meiner Fußballerzeit wusste ich, dass, wenn die Achillessehne reißt, es sich anfühlt, als würde jemand einem in die Ferse springen.

Okay! Alarm. Panik. Laute Musik und Fans. Manager suchen. Warum immer ich? Draußen angekommen, ging alles ziemlich schnell. Martin wurde ins Krankenhaus gebracht und dackelte am nächsten Tag mit Gips zum Pool. Hach ja, die Schadenfreude. Nein, Quatsch. Ein Gips bei 35 Grad, da kann man schon mal Mitleid haben. Ich muss aber zugeben, ich dachte die ganze Zeit, Martin übertreibt, er ist ja schließlich ein Mann. Die denken auch gleich, der Daumen fällt ab, wenn sie sich mal in den Finger schneiden. Am Flughafen durfte Martin dann als Erster ins Flugzeug steigen, da der gute Mann im Rollstuhl saß. Ich bat Philip (Felix), ihn doch bitte zu schieben, „ziemlich beste Freunde" und so. Martin wurde noch in derselben Nacht in Berlin ins Krankenhaus gebracht und operiert, weil seine Achillessehne gerissen war. Manchmal sollte man Dinge eben doch ernster nehmen, als sie zunächst scheinen.

MEIN AUSSTIEG BEI „BERLIN – TAG & NACHT“: ALINA SAGT TSCHÜSS!

Das Ende fiel mir nicht leicht, aber es ging nicht mehr anders. Es musste sein. Ich brauchte eine Veränderung. Ich muss(te) weitergehen. Viele sprechen mich darauf an, ob Alina denn wiederkäme, und die Tatsache, dass sie enttäuscht sind, ist für mich ein Riesenkompliment. Man weiß zwar nie genau, was noch so alles passiert im Leben, aber erst mal habe ich andere Pläne (zum Beispiel dieses Buch). Ich sah einfach in meiner Rolle kein Entwicklungspotenzial mehr. Die Ressourcen waren ausgeschöpft. Und auch hier gab es eine Art Schlüsselmoment. Wenn man sich für oder gegen etwas entscheidet, spielt man ja ab und zu mit den Gedanken und geht verschiedene Szenarien hundertfach im Kopf durch. Das ist dann so ähnlich wie Schlussmachen. Keine schöne Angelegenheit. Dennoch, ein Zurück gibt es nicht.

Ich war zu Hause und räumte gerade die Wohnung auf, als ich einen Anruf bekam. Es ging um „Alina's Future“. Was so alles in nächster Zeit passieren würde mit der Rolle, Genaueres sollte ich bei meinem nächsten Termin im Büro erfahren. Das war im Juni 2013. Ich erfuhr, dass Alina und Felix ein Paar werden würden, und da hörte es für mich definitiv auf mit der Glaubwürdigkeit. Natürlich sah ich es als schauspielerische Herausforderung an, den weiblichen Part dieses quirligen, launischen und vor allem geschwisterlichen Liebespaars zu spielen, und es lag auch überhaupt nicht daran, dass sich Alina in einen Mann verlieben sollte. Diese beiden Rollen waren für mich so inkompatibel und trotzdem so ähnlich, dass es mir fast schon wieder Spaß gemacht hat zu streiten.

Trotzdem, irgendwie hatte ich da zum ersten Mal das Gefühl, Alina „zu Ende“ gespielt zu haben. Ich konnte sie einfach nicht mehr sehen und meine Rolle selbst nicht mehr leiden. Das war das erste Mal, dass ich richtig in Konflikt kam mit meiner Rolle.

Davon mal ab, hatte ich überhaupt keine Lust mehr darauf, eine Beziehung zu spielen und mir darüber den Kopf zu zerbrechen, mit wem ich denn als Nächstes rummachen muss. Im Gegensatz zu meinen Kollegen blieb ich ja noch einigermaßen verschont. Aber der Sender und die Produktion bestanden darauf, die verliebte Alina emotional in wütender Eifersuchtswallung zu sehen. Für mich war das Langeweile pur. Ich war angekommen. Endstation.

In meinem nächsten Vertragsgespräch teilte ich dem Sender und der Produktion meinen Entschluss mit zu gehen, natürlich unter Tränen. Mir tat es weh, Alina gehen zu lassen, aber es war nun mal an der Zeit. Ich bin ein sehr ehrgeiziger und wissbegieriger Mensch, und am Ende hat die Rolle mir persönlich leider nicht mehr genug gegeben, zumal auch die Art des Formats keine großen Entwicklungssprünge zulässt. Schauspielerisch gesehen habe ich bei BTN viel gelernt, aber eben nur bis zu einem bestimmten Punkt. Ich will mehr.

Ich will krasse Rollen spielen. Mich reinsteigern und aufopfern. Mich entwickeln. Immer wieder an meine Grenzen stoßen. Hinfallen und wieder aufstehen. Um ein Ergebnis kämpfen. Mich hingeben und heiser schreien. Ich will spielen.

Umso dramatischer, abgedrehter und verrückter die Rolle, desto besser. Vielleicht irgendwas psychopathisches. Oder 'nen Cop, aber einen korrupten. Das Schöne an der Schauspielerei ist die Anarchie. Wenn man eine Rolle spielt, herrschen keine Gesetze, keine Einschränkungen. Man kann für das, was man tut, nicht zur Rechenschaft gezogen werden, da man es ja nicht wirklich tut. Man kann so sein, wie es die Rolle vorgibt, und man kann das als Ventil benutzen. Um Emotionen rauszulassen, besser zu steuern oder zu verarbeiten.

Meiner Meinung nach haben alle Schauspieler einen leichten Knacks, mich ausgeschlossen. Ich hab einen schweren Knacks. Bitte nicht falsch verstehen, ich meine das positiv. Man spielt so sehr mit den Emotionen, welche die Rolle in der jeweiligen Szene zulässt (oder erfordert). Die Szene läuft, man ist in Tränen aufgelöst, heult, was das Zeug hält (übrigens ohne Tränenstift, der sieht unecht aus), und geht vollkommen in der Figur auf, die man spielt, und ZACK! kommt aus der Regie das „Danke, aus!". Man wischt sich die Tränen ab und ist im selben Moment schon wieder ganz normal. Das kann für Außenstehende manchmal ziemlich befremdlich wirken.

Ich habe jedenfalls stets versucht, BTN und meine Rolle der Alina von der schauspielerischen Seite her zu betrachten, und habe das von Anfang an sehr ernst genommen. Ich habe auch immer versucht, neue

Facetten an der Rolle zu entdecken und diese sogar teilweise ins Gegenteil verkehrt. Es gibt zum Beispiel eine Szene, in der Alina der Hauptcharakter ist – und schweigt. Obwohl Alina nie schweigt. Es machte mir riesigen Spaß, Alina zu spielen, aber an einem bestimmten Punkt ging es nicht mehr weiter, die Facetten der Rolle wiederholten sich zu oft. Mich hat das nicht mehr herausgefordert, und bevor ich irgendwann unzufrieden werde und die Rolle vernachlässige, hielt ich es für besser zu gehen. Ich möchte ein neues Kapitel aufschlagen, mich neuen Herausforderungen stellen und das bisher Erlernte anderweitig anwenden.

Als Schauspieler muss man immer am Ball bleiben, an Coachings und Workshops teilnehmen. In der Improvisation macht mir so schnell keiner was vor, ich habe immerhin drei Jahre trainiert. Was mir aber fehlt, ist die Arbeit mit vorgegebenem Text. Die gehe ich jetzt an. Es gibt so viele verschiedene Arten der Schauspielerei, und ich bin dazu bereit, alle zu erlernen. Und das werde ich auch schaffen, weil es das Einzige ist, was ich wirklich will.

WAS ICH ZU BTN NOCH SAGEN MÖCHTE, IST: DANKE, DANKE, DANKE!

Danksagungen. Das soll jetzt hier kein schleimiger „Ich bin ja so dankbar"-Text werden, noch ist es mir wichtig, damit gut anzukommen. Ich möchte lediglich meinen Dank aussprechen für die (bisherige) Zeit hier in Berlin.

Unser Coach Marcell stellte uns einmal die Aufgabe, ein Dankbarkeitstagebuch zu führen. Das soll therapeutisch gut sein, Schmerzen lindern und sogar die Gesundheit verbessern. Ich bin der Meinung, dass Danksagungen oder Dankbarkeit an sich häufig zu kurz kommen beziehungsweise nicht oft genug ausgesprochen werden können, da man heutzutage vieles als selbstverständlich ansieht. Ich finde, wer dankbar ist, genießt mehr und intensiver.

Bei BTN bin ich öfter an meine Grenzen gestoßen, als ich wollte, aber auch öfter, als ich dachte, über diese hinausgewachsen. Das war ein stetiger Kreislauf. Zum ersten Mal erfuhr ich am eigenen Leib, was es bedeutet, unter hohem Druck zu arbeiten, und dabei noch ein hohes Pensum an Arbeitsaufwand zu bewältigen. Mein Job hörte ja nie auf. Wenn ich von der Arbeit nach Hause ging, wurde ich auf der Straße mit „Alina" angesprochen, und der Großteil der privaten Gespräche nach Feierabend drehte sich immer um die Arbeit.

Wir mussten uns privat austauschen und auch kritisieren, da am Set kaum Zeit für so etwas war. Ich hatte nie das Gefühl, Feierabend zu haben, fertig zu sein mit der Arbeit und musste erst mal lernen, mit der ständigen Konfrontation mit meinem Beruf umzugehen. Und mit dessen Auswirkungen. Das habe ich nur durch Dankbarkeit geschafft. Dadurch machte ich mich stets von Neuem meiner selbst bewusst (ähnlich wie beim Abnehmen).

„Wer bin ich, und was mache ich hier gerade?", sind zwei typische Fragen, die ich mir immer wieder gestellt habe und die ich heute beantworten kann. Und dass ich das jetzt kann, auch wenn ich fast zwei Jahre gebraucht habe, um das zu lernen und zu akzeptieren, dafür möchte ich mich bedanken. Mir fiel das nämlich bei Gott nicht leicht. Im Gegenteil.

Ich erlitt eine Art Burn-out, jedenfalls würde ich es als das bezeichnen, und war ein Paradebeispiel dafür, was passiert, wenn man zu schnell bekannt wird. Wenn der Druck zu groß wird und schließlich die Persönlichkeit darunter leidet. Die anderen erkannten mich kaum wieder. Ich erkannte mich selbst kaum wieder. Ständig hatte ich schlechte Laune, konnte meine Emotionen nur schlecht oder gar nicht bändigen, bekam Wutanfälle und meckerte die ganze Zeit nur herum – an allen und allem. Ich habe mich wirklich selbst angekotzt. Die Folge war, dass die meisten nichts mehr mit mir zu tun haben wollten, weil sie verständlicherweise keine Lust darauf hatten, sich von meinen Launen runterziehen zu lassen. In mir fand ein Umbruch statt, und ich bin fast daran zerbrochen.

Auf meine Schauspielarbeit hatte das Ganze glücklicherweise keine Auswirkungen, jedoch umso mehr auf die Stimmung am Set. „So gut du die Leute auch mitreißen kannst, wenn du gute Laune hast, Saskia, genauso gut kannst du einen auch runterziehen!", bekam ich zu recht von meinen Kollegen zu hören. Ich war echt ätzend. Und so will und werde ich nie wieder sein, weil ich es geschafft habe, diese Grenze zu überwinden.

Früher sagte man oft zu mir: „Mensch, Saskia, du kleiner Sonnenschein, kannst du eigentlich auch schlechte Laune haben?" Und dann hörte ich irgendwann die Frage: „Saskia, sag mal, kannst du auch mal gute Laune haben?" BOOM. GAME OVER. Das werde ich nie vergessen. Ich stand da und brach in Tränen aus, weil dieser kleine Satz so viel Konträres zu dem, was ich

Game Over!

eigentlich bin, in sich trug. So wurde mir schlagartig bewusst, wie doll ich mich zum Negativen verändert hatte. Das erstreckte sich zwar nur über einen Zeitraum von etwa drei Monaten, war aber dennoch vollkommen ausreichend, um mir klarzumachen, dass es so nicht weitergehen konnte.

Zum Glück bekam ich Hilfe von der Produktion, man ließ mich nicht fallen. Auch dafür bin ich dankbar. Mit Demut und Besinnung auf das Wesentliche musste ich erst lernen, wieder zu mir selbst zu finden, Herr über meine Emotionen zu werden, und nicht umgekehrt. Filmpool stellte mir eine Psychologin zur Seite, mit der ich einmal in der Woche arbeitete. Ja, ich habe professionelle Hilfe in Anspruch genommen, und dafür schäme ich mich nicht. Manchmal gibt es einfach Situationen im Leben, da kann man sich nicht selbst helfen.

Allein zu wissen, da ist jemand, völlig unvoreingenommen, an den ich mich wenden kann, wenn ich nicht mehr weiter weiß, wenn mir wieder mal alles zu viel wird, hat geholfen. Dafür bin ich dankbar. Viele schämen sich dessen und trauen sich nicht, sich helfen zu lassen, weil sie es für Schwäche halten. Aber wisst ihr eigentlich, wie viel Kraft es kostet, sich das erst mal einzugestehen? Zu erkennen, allein nicht vorwärts, nicht raus aus dem Strudel zu kommen, immer wieder am selben Punkt zu verzweifeln und zu scheitern? Jemand, der das durchmacht, kann doch unmöglich schwach sein. Für mich bedeutet das Stärke.

Ich war an meiner Grenze angelangt und nun vollstens motiviert, darüber hinauszuwachsen. Also danke ich auch mir selbst, denn wäre ich nicht gefallen, hätte ich nie aufstehen können. Ich halte es für ganz normal, psychisch und körperlich an seine Grenzen zu stoßen, wenn man endlich seine Berufung gefunden hat, für die man bereit ist, alles zu geben. Ich könnte niemals einen langweiligen Sesselpupser-Beruf ausüben, bei dem man jeden Tag das Gleiche macht. Ich brauche diesen Kick, dieses Aufopfern und An-meine-Grenzen-gehen. Mich fixt das regelrecht an. Nur so kann ich jeden Abend glücklich ins Bett gehen und auch morgens glücklich wieder aufstehen. Weil ich weiß, dass ich mein Bestes gegeben habe und geben werde. Jeden Tag.

Das Krasse an der ganzen Geschichte war, dass ich in dieser schwierigen Phase aufgehört habe abzunehmen. War aber irgendwie klar, da ich mir in dieser Zeit nicht meiner selbst bewusst war. Ich hatte zwar bis dahin schon fünf Kilo geschafft, aber die waren auch schnell wieder drauf. Als es mir dann mit jedem Termin bei der Psychologin besser ging, lief es auch wieder mit dem Abnehmen. Nach und nach wurde ich innerlich und äußerlich wieder ganz die Alte.

Darüber hinaus bin ich auch dankbar für all das Wissen über meinen Beruf, das ich am Set von BTN lernen konnte, und für die schauspielerischen Erfahrungen, die ich dort sammeln durfte. Drei Jahre lang das Gleiche zu machen (auch wenn es natürlich täglich variiert), da kann einem schon mal so ziemlich alles auf den Sack gehen. Aber das ist, denke ich, normal. Und ja, ich weiß, es gibt genug Menschen da draußen, die machen 20 Jahre das Gleiche. Ich bin aber erst 26.

Man muss sich immer wieder vor Augen halten, dass man dankbar sein sollte, so einen Beruf ausüben zu dürfen und damit auch noch Geld zu verdienen. Nicht viele Menschen haben das Glück, ihrem Traumberuf nachgehen zu können.

Meine größte Schwierigkeit in dieser problematischen Phase war der Umgang mit den Fans. Damit meine ich nicht den normalen Umgang, sondern den unter Extremzuständen. Wie gesagt, dauerte es nur eine kurze Zeit, aber ich glaube, ich habe da einige Leute ganz schön vor den Kopf gestoßen. Ich kann mich privat einfach nicht verstellen oder lügen, und wenn ich schlechte Laune hatte, fiel es mir schwer, sie zu verstecken, außer am Set. Das kriegte ich hin, hat ja auch was mit Disziplin und Professionalität zu tun. Inzwischen habe ich es geschafft, meine Probleme in den Griff zu kriegen. Das war letztendlich nur ein neuer Weg, den ich gehen musste. Aber in diesen schwierigen Monaten konnte ich es einfach nicht, und mir wurden die Leute schnell zu viel.

Meine Mutter sagte mir damals, ich käme undankbar rüber, da die Leute nicht wissen können, dass meine Nerven blank liegen und ich so ein schlechtes Image bekäme. Aber wenn nun mal die Nerven so blank liegen, sieht man die Fehler nur bei anderen, niemals bei sich selbst. Ich dachte, alles um mich herum würde sich verändern, und das machte mich traurig. Dabei war ich diejenige, die sich verändert hatte. Ich musste es also irgendwie schaffen, zumindest eine oberflächliche Grundnettigkeit an den Tag zu legen und stets freundlich zu den Leuten zu sein. Und ich musste es schaffen, wieder die alte Saskia zu werden, die ich doch selbst so sehr vermisste.

Heute bin ich unheimlich dankbar dafür, dass ich das alles überwunden, mich gefestigt habe und es trotz Hunger, Durst, Kälte, Kopfschmerzen oder Zeitdruck schaffe, nett zu sein. Ich habe oft die anderen gefragt, wie sie das machen. Immerhin sah ich ja, wie oberfreundlich sie zu den Fans sein konnten, obwohl sie

Danke,

danke,

danke!

manchmal sehr genervt waren. Ich bin dankbar, erkannt zu haben, dass ohne diese Menschen mein Job nicht funktionieren würde und sie das Wichtigste sind, damit ich meinen Job weiterhin ausüben kann.

Ich frage mich immer, ob andere Schauspieler, Sänger oder Stars, die von heute auf morgen bekannt werden, keine Probleme damit haben, der Öffentlichkeit gerecht zu werden. Oder aufgrund des großen öffentlichen Drucks eine ähnlich schwierige Phase durchleben wie ich. Oder ob sie einfach nicht darüber sprechen wollen. Sie könnten ja als schwach gelten und sich somit nicht gut verkaufen.

Die Öffentlichkeit, vor allem die Medienwelt, beleuchtet die meisten Dinge nur oberflächlich und schaut selten hinter die Kulissen oder über den Tellerrand hinaus. Deshalb habe ich es mir angeeignet, hinter den Vorhang zu schauen, denn oft verbirgt sich dahinter mehr, als man denkt. Auch dafür bin ich dankbar.

Wenn ich mein Leben heute mit dem von damals vergleiche, als ich noch zu Hause in Duisburg saß und nicht mal davon zu träumen wagte, was in den letzten Jahren Wirklichkeit wurde, dann hat sich natürlich vieles um mich herum verändert. Niemals hätte ich gedacht, dass ich einmal so glücklich sein werde. Und all das verdanke ich meiner Entscheidung, nach Berlin zu gehen. Meine Freundin, meine Freunde, meine BTN-Kollegen, einfach alle Menschen, die ich unglaublich schätze und liebe, habe ich nur kennengelernt, weil ich etwas riskiert habe. Ich bin dankbar, sie in meinem Leben zu haben, und deshalb bin ich auch dankbar, damals die richtige Entscheidung getroffen zu haben.

Ich habe zu mir selbst gefunden, bin an und mit BTN gewachsen und schließlich herausgewachsen. Im Großen und Ganzen bin ich einfach dankbar für die Zeit am Set von BTN – und dafür, dass ich die starke Alina spielen durfte, die für mich manchmal eine Orientierungshilfe war.

Danke, Oma, dass du an mich geglaubt hast!

BERLIN – TAG&NACHT // FAQ

„WIE HAST DU SO KRASS ABGENOMMEN?"

Nachzulesen in Kapitel 2 ab Seite **88**

„BIST DU WIRKLICH LESBISCH?"

Ich weiß zwar nicht, warum diese Frage überhaupt noch gestellt wird. Aber da es nun mal Leute gibt, die das offensichtlich interessiert, möchte ich sie hiermit ein für alle Mal beantworten: Ja, ich bin wirklich lesbisch.

„WARUM BIST DU AUSGESTIEGEN?"

Nachzulesen in Kapitel 1 ab Seite **66**

„BIST DU DOOF?"

Ja.

„WIE MACHST DU DAS EIGENTLICH, WENN DU IM TV MIT JEMANDEM RUMKNUTSCHEN MUSST, OBWOHL DU EINE FREUNDIN HAST? STÖRT SIE DAS NICHT?"

Ich kann mir nicht vorstellen, dass einem Partner das vollkommen egal ist oder dass nicht ab und zu „gesunde" Eifersucht aufblitzt. Natürlich gehört es zu meinem Job, und für mich ist ein Kuss vor der Kamera nichts anderes als ein „Guten Morgen" oder ein Händeklatschen. Es ist lediglich eine Ausdrucksgeste, die im Schauspiel unverzichtbar ist, um etwas authentisch darzustellen. Aber um die Frage zu beantworten: Natürlich muss in einer Beziehung absolutes Grundvertrauen herrschen. Meine Freundin und ich vertrauen uns. Andersrum müsste ich es ja auch akzeptieren ... Obwohl? Nö!

„WIE IST DAS DENN SO AM SET?"

Nach circa 640 Folgen und 12 800 Drehbuchseiten war für mich der Dreh am Set längst reine Gewohnheit und nicht mehr so aufregend wie zu Beginn. Aber da ich immer wieder lese und höre, dass sich viele von euch gar nicht vorstellen können, wie so ein normaler Drehtag abläuft, erzähle ich euch das mal eben kurz.

Morgens wurden wir von einem Fahrer von zu Hause abgeholt und zum Set gefahren. Das war dann entweder die Haupt-WG oder ein Außenset, zum Beispiel ein Klamottenladen oder eine Einkaufsstraße, je nach Szene beziehungsweise Drehbuch. Cool! Ein eigener Chauffeur! Jaaa, aber nur damit wir nicht zu spät kamen und der Tagesablauf nicht gefährdet wurde. Trotzdem cool.

Das Krasse ist, dass man jeden Tag eine andere Arbeitszeit hat, weil ja jede Szene anders ist. Am Set angekommen, gibt's schnell 'nen Kaffee, und dann steht auch schon die Kostümabteilung vor dir und reicht dir dein Kostüm für die jeweilige Szene. Alinas Klamottenstyle habe ich echt gehasst. Fand, ich sah immer aus wie so'n lesbischer Aladdin. Fertig umgezogen versammelt man sich zur Szenenbesprechung, und kurz danach ertönt dann auch schon die Regieanweisung: „Und bitte!" Ist die Szene fertig gedreht, wird sie generell noch mal wiederholt, um bessere Schnittmöglichkeiten zu haben. Das wird dann so oft wiederholt, bis die Szene genau so sitzt, wie der Regisseur sie haben möchte. In Ausnahmefällen gibt es aber auch den sogenannten One Taker. Das sind die Extremszenen, die beim ersten Mal schon so gut sind, dass sie nicht wiederholt werden müssen. Meistens bei Szenen wie Schlägereien oder wenn außergewöhnlich viele Komparsen mitwirken.

Tja, ich musste auch schon fünfmal hintereinander zu weinen beginnen oder habe dreimal nacheinander eine Ohrfeige von Ricarda einstecken müssen. Und da darfste keinesfalls wie eine Lusche zuschlagen. Es gibt nichts Schlimmeres als eine schlechte megalaffe Ohrfeige oder einen unglaubwürdigen Kuss. Das sind absolute No-Gos. Auch das haben wir in den Schauspiel-Coachings gelernt. Da mussten wir uns einmal gegenseitig so richtig schön mit der flachen Hand ... BATSCH! Dabei geht's vor allem um die Hemmschwelle, die du einfach überwinden musst. BATSCH! Und dann gleich weiter zur nächsten Szene. Zwischendurch Mittagspause, und das war's.

Am Abend wurden wir wieder heimgefahren, wo wir uns dann schon auf den nächsten Drehtag vorbereiten mussten (Drehbücher lesen usw.). Das Coole an diesem Tagesablauf war, dass unsere Rollen nicht um 20 Uhr „starben“, sondern weiterlebten. Und zwar bei Facebook.

Übrigens, kleines Betriebsgeheimnis am Rande: In den Frühstücksszenen bekam ich auch gerne mal ein Stinkekäsebrötchen auf den Teller gelegt. Nur so zum Spaß. Dass meine Lippe immer aufplatzte, weil ich mich deswegen so ekelte, bereitete mir dann weniger Spaß. Aber was soll's?

LEGENDE DER ROLLENNAMEN

ALINA	–	ICH
JOE	–	LUTZ
MEIKE	–	PIA
SOFI	–	RICARDA
MARCEL	–	PATRICK
CEYLAN	–	YASI
CARLOS	–	JAN
OLE	–	FALKO
FABRIZIO	–	ALFIO
SCHMIDTI	–	ALEX
KRÄTZE	–	MARCEL
BASTI	–	MARTIN
FELIX	–	PHILIP

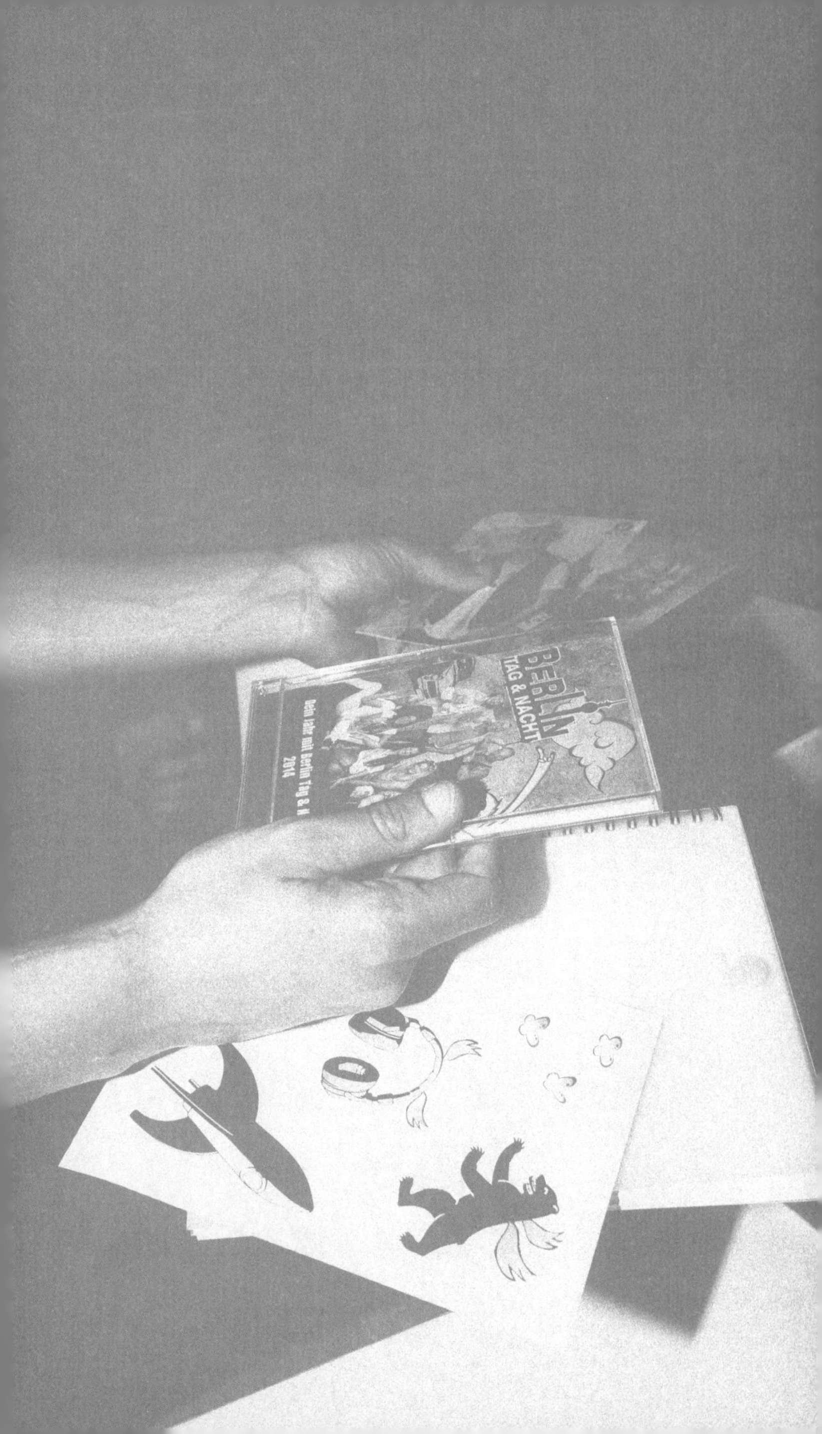
BERLIN
TAG & NACHT
2014

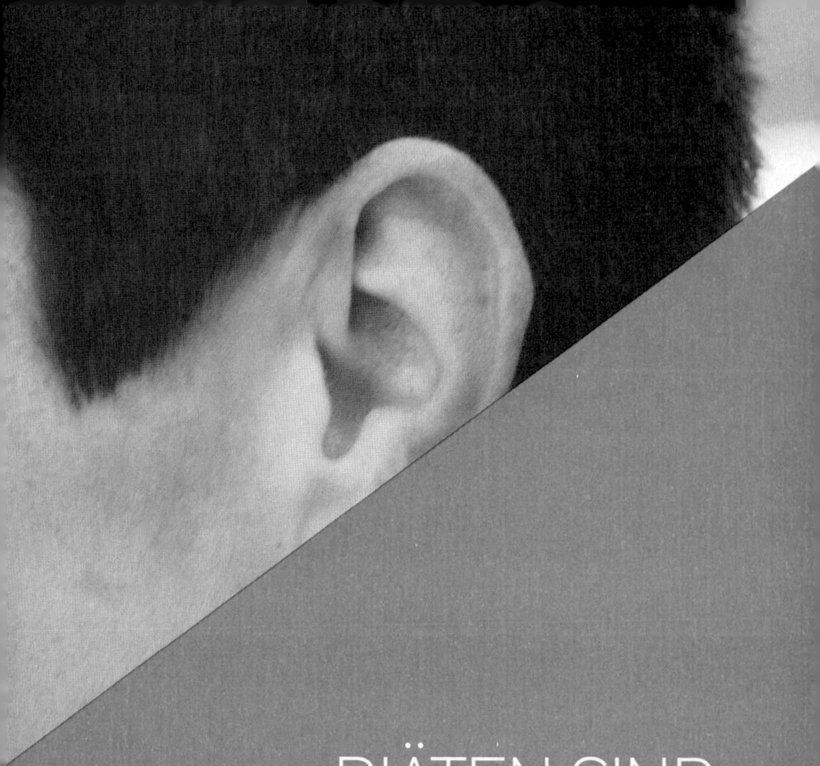

DIÄTEN SIND ARSCHLÖCHER

Hier erfahrt ihr nicht nur, wie ich es geschafft habe, 30 Kilo abzunehmen, sondern auch, und das ist viel wichtiger, wie ihr euer Normalgewicht dauerhaft halten könnt.

SO HABE ICH 30 KILO ABGENOMMEN

Ohrwurm: Boney M., „Daddy Cool"

Ernährung ist ja immer so eine Sache. Da kann man ganz schön viel falsch machen. Vor allem wenn man nur über „gefährliches Halbwissen" verfügt. Um das bei meinen Tipps zur Selfmade-Ernährungsumstellung zu vermeiden, habe ich mir professionellen Rat eingeholt, der ein medizinisches Auge drauf werfen sollte. Frau Dr. Anne Fleck, Ernährungsmedizinerin aus Hamburg, ergänzte mein Wissen und sorgte somit für ein stabiles Fundament im Ernährungskapitel. Ihre Kommentare findet ihr in Form von Bubbles am Textrand, die Erläuterungen dazu, hübsch durchnummeriert, dann ab Seite 156. So erfahrt ihr nicht nur, wie ich es geschafft habe, 30 Kilo abzunehmen, sondern auch, dass dies auf relativ gesunde Art und Weise geschah. Ihr schafft das auch! Nur Mut!

WOHER KAM DAS VERDAMMTE ÜBERGEWICHT?

Egal, was du als „Person des öffentlichen Lebens" machst, es ist immer irgendwie falsch, du kannst es ja sowieso nie jedem recht machen. Wiegst du 30 Kilo zu viel, bist du „die fette Lesbe", nimmst du diese 30 Kilo Übergewicht wieder ab, leidest du an Magerwahn. So ist es ja immer. „Das sieht langsam nicht mehr schön aus", „Iss mal wieder was", „Du hast dich voll verän-

dert“, sind Äußerungen, die ich täglich zu hören bekomme. Aber habe ich mich denn wirklich verändert? Mir ist es so was von egal, ob die Leute mein Gewicht okay finden oder nicht, denn Fakt ist: Ich bin wieder genauso gesund wie vor meiner dicken Zeit. Und wer weiß denn schon, ob ich nicht schon immer eine sportliche Figur hatte? Mein Übergewicht nur eine Ausnahme war? Na? Weil die liebe Gesellschaft dazu neigt, erst ihr Maul aufzureißen, bevor sie nachdenkt. Kenne ich ja von mir nur zu gut.

Hab einfach das Gewicht, das ich zugenommen habe, wieder abgenommen. Na ja, einfach war's nicht. Ich habe mir nicht mehr gefallen – und das war ganz einfach festzustellen. Auf Rückenschmerzen, null Kondition und „allgemeines Unwohlsein“ hatte ich keine Lust mehr, ich wollte wieder mein Normalgewicht. Gewicht verlieren, aber ohne dabei das Gesicht zu verlieren.

Die Expertin: Selbsterkenntnis und Gefühl sind wichtig, vor allem beim Thema „Abnehmen"! Was hat Gefühl mit Abnehmen zu tun? Eine ganze Menge! Das klingt vielleicht seltsam – ist aber so! (1)

Abnehmen, schlank sein und shoppen gehen. Warum nimmt ein Mensch überhaupt so verdammt viel zu, wie ich es getan habe? Werfen wir einen Blick hinter die Kulissen. Wenn ich drei neue Augenbrauen habe, wissen's alle. Ein Foto auf Facebook gepostet, und schon sieht's jeder. Aber wie sieht's dahinter aus? Ich werde es euch erzählen. Ein riesengroßer Grund für meine Gewichtszunahme war, dass ich einfach unheimlich gern esse. Ich hatte mir schon mal ernsthaft Gedanken darüber gemacht, ob man sich eine Schilddrüsenüberfunktion kaufen kann. Ich liebe es zu essen. Es wäre das perfekte Geschenk für mich, wenn ich endlich essen könnte, was ich wollte, und dabei kein Gramm zunähme.

„Ich liebe essen!" Gegen eine „liebevolle" Einstellung zum Essen, eine „Esskultur" – dagegen ist nichts zu sagen! (2)

Ein Grund für mein Übergewicht war also klar die Liebe zum Essen, der andere meine seelische Unzufriedenheit. Ich habe damals beruflich nicht das gemacht, was ich eigentlich wollte, und ich glaube, das war der Hauptgrund für diese Unzufriedenheit. Für mich heißt Beruf Berufung, und die habe ich für mich immer nur beim Schauspielen gesehen. Also habe ich regelrecht gefressen, um mir einen inneren Ausgleich zu schaffen und diese Unzufriedenheit zu tilgen.

Wichtige Frage, die man sich stellen sollte: „Wie fühle ich mich jetzt und hier?" „Habe ich Angst? Habe ich Frust? Bin ich unzufrieden oder wütend? Oder geht es mir gut? (3)

Gefressen, was das Zeug hält! Ich habe es tatsächlich geschafft, ein 10er-Paket Milchschnitten in mich reinzustopfen, habe dabei die braunen Scheiben abgemacht und nur die weiße Creme gegessen. Mit 'm Löffel. Was ich alles an ungesundem Zeug in mich reingeschaufelt habe, war echt nicht mehr zu überbieten.

Dieses Essverhalten (zehn Milchschnitten als Lösung für Unzufriedenheit) gehört in die Kategorie „Trash Food" und hat mit „gesundem" Genuss nichts zu tun. Ein Fall von Frustessen „ohne Kontrolle". Die gute Nachricht: Wenn man stressabhängige Essmuster erkennt und für etwa drei Monate auf derart ungesunde Rituale verzichtet, kann sich der „Geschmacksnerv", der auch auf den Verzehr von Süßigkeiten getrimmt ist, verändern und neu orientieren.

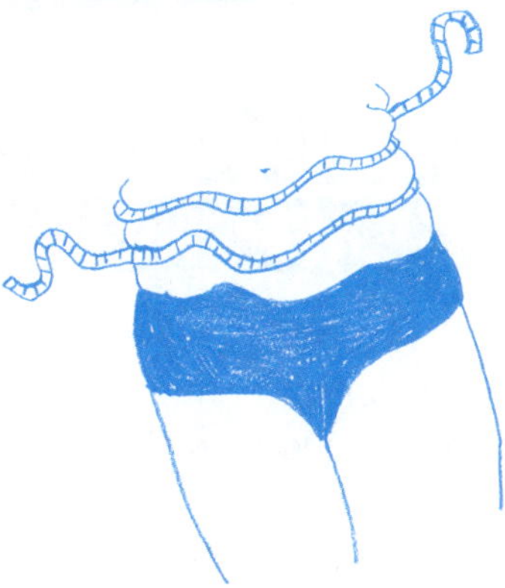

Aber wisst ihr, was das Schärfste dabei war? Ich dachte immer noch, ich sei total schlank, kann mir das total erlauben, weil ich ja eh nicht zunehme. Wenn ich überhaupt so weit gedacht habe. Kein Scherz. Ich hatte eine derart verzerrte Selbstwahrnehmung, dass mir die Fettpolster nicht mal aufgefallen waren.

WIE KÖNNEN EINEM DENN BITTE 30 KILO ÜBERGEWICHT NICHT AUFFALLEN? Boah, ekelhaft! Ich habe mich auch so gekleidet, als sei ich noch so schlank wie vorher. Dabei wog ich zu Spitzenzeiten 96 Kilo – bei einer Größe von 176 Zentimetern. Das geht gar nicht, Leute. Mein Herz musste so viel überschüssiges Fett versorgen, ganz abgesehen von meiner armen Wirbelsäule und meinen Knien, die mich die Treppen hinauftragen mussten. Wahrscheinlich lag es auch daran, dass ich abrupt mit dem Sport aufgehört habe, weil ich keine Zeit mehr hatte. Okay, ich hatte auch keinen Bock mehr auf Bewegung. However, das konnte ich meinem Körper einfach nicht mehr antun.

Ein Glücksfall! Bei Saskia hat sich ihr Wille zur Veränderung durchgesetzt! Die ersten Warnzeichen des Körpers haben zum Umdenken geführt! (4)

WAS DAS ÜBERGEWICHT MIT MIR GEMACHT HAT

Ich kann niemanden ernst nehmen, der mir sagt, er fühle sich trotz starken Übergewichts wohl. Ich glaube das einfach nicht und kann mir das absolut nicht vorstellen. Ich kann doch keinem erzählen, dass ich ein

Diäten
sind
Arschlöcher!

gutes Körpergefühl habe, wenn ich im Sommer 30 Liter mehr ausschwitze als eine normalgewichtige Person! Hört doch auf, das alles immer schönzureden! Ich will natürlich niemanden wegen seines Aussehens beleidigen oder diskriminieren, aber Übergewicht ist doch einfach völlig ungesund! Ich spreche aus Erfahrung. Ich hatte einmal einen sehr peinlichen Moment in meiner Übergewicht-Phase. Zusammen mit ein paar Freunden bin ich im Hochsommer zum Abkühlen an den See gefahren. Es war ein richtig heißer Tag, und die Klamotten haben sich schon im Auto in alle Körperritzen verkrochen. Es war so warm, dass mein Rücken vom Anlehnen klatschnass war. Wenn du dann noch dick bist, bildet sich zwischen deinen Speckrollen ein richtig schöner Schweißsee und versaut dir vor allem schwarze Shirts. Denn wenn's trocknet, bleiben hässliche Salzrückstände. Die Innenseiten der Schenkel scheuern bei jedem Schritt aneinander, und deine Füße sind so aufgequollen, dass selbst der Steg der Flip-Flops zwischen deinen Zehen brennt. Ich könnte noch weiter ins Detail gehen. Jedenfalls ist das alles andere als angenehm, so kann ich mich einfach nicht wohlfühlen.

Am See angekommen, breiteten wir die Decken und den Proviant aus – auf den vor allem ich sehr viel Wert legte –, und die ersten sprangen ins Wasser. Hab mich nicht lange bitten lassen und bin dann mit vollem Magen (fuck the system) Richtung Wasser. Ich wollte baywatchmäßig in den See laufen, rutschte aber schon nach dem ersten Schritt volle Kanne aus. Nicht kurz gestolpert und schnell ausbalanciert. Nein, so richtig schön mit dem Gesicht zuerst. PLATSCH, da lag die Dicke. Ich bin bauchklatschermäßig im Matsch gelandet und habe mich gefühlt wie ein dickes gestrandetes Robbenbaby. „Ja geil, ich glaub, ich habe einen ziemlich guten Wal getroffen!" Jetzt kann ich darüber lachen, das haben wir damals auch.

Zusammenfassend kann ich wirklich mit Überzeugung sagen, dass Übergewicht sich weder auf eure Gesundheit, noch auf euer Wohlbefinden positiv auswirkt. Gelegentlich ist es auch für eure Umwelt nicht cool. So war's bei mir. Ich hatte Schlechte-Laune-Anfälle, wenn ich hungrig war, oder bekam Shopping-Depressionen, wenn die Hose nur bis Größe 46/48 in der Damenabteilung vorrätig war und ich mich bei den Herren bedienen musste. Ich machte mich komplett abhängig von der Nahrungsaufnahme. Wenn ihr wirklich gut und reichlich gegessen habt, werden Endorphine ausgeschüttet – wie bei einem fetten Weihnachts-Festessen.

Essen kann zur „Sucht" werden! Kritisch wird es insbesondere, wenn man bereits von Kindesbeinen an mit Süßigkeiten „belohnt" wird: Dann belohnt man sich fatalerweise oft auch als Erwachsener mit Süßigkeiten – zum eigenen Schaden! (5)

Dicke gieren aber nicht nur an Festtagen, sondern jeden Tag nach diesem Kick. Ich hatte das Gefühl, wenn ich nicht genau den Geschmack treffe, auf den ich heute Lust verspüre, bekomme ich schlechte Laune. Manchmal gab es Tage, da wusste ich gar nicht, worauf ich Lust habe, also stopfte ich alles in mich rein, bis ich dann am Abend merkte, „Yo, Leberwurst war's". Und damit tat ich mir echt nichts Gutes. Mein Magen war wohl schon so ausgeleiert und riesig, dass ich permanent Hunger hatte. Heute schaffe ich grad mal einen Döner, und dann kann ich mich für 'ne Stunde erstmal nicht mehr bewegen.

Der Magen ist wie der Tank eines Autos und hat ein Füllvermögen von etwa 700 ml! (6)

MEIN SCHLÜSSELMOMENT UND DIE ERKENNTNIS: „ICH BIN ZU DICK"

Und wann habe ich endlich erkannt, wie dick ich geworden war? Hier kommt mein Schlüsselmoment. Heidi, ich habe leider kein Foto für dich. Denkt daran, nur eine von euch kann Germany's ... Lassen wir das

(wenn ihr übrigens jedes Mal 'nen Kurzen trinkt, wenn dieser Satz fällt, seid ihr am Ende der Show rotzevoll). Weiter im Text. Sorry, muss Gedanken ordnen. Sitze übrigens grad im Flieger und sehe Köln unter mir. Höre Nico Pusch. Gut für die Konzentration. Mein Schlüsselmoment lässt sich ziemlich genau mit einem Wort beschreiben: Selbstreflexion. Ich sah mich zum ersten Mal bei „Berlin – Tag & Nacht". Ich liege – um es vornehm auszudrücken – sehr unvorteilhaft auf dem Bett, und die Kamera filmt mich aus einem noch viel unvorteilhafteren Winkel. Der Umfang meines Oberarms hat dabei die Ausmaße eines kräftigen Oberschenkels.

Ein wichtiger Schritt zum Wohlfühlgewicht ist Selbstreflexion! Das Hinterfragen des eigenen Handelns: Das ist der Startschuss in ein „kognitives Remodeling", d. h., wir fangen an, unser Denken, also die sogenannte kognitive Ebene, zu ändern!

Als ich diese Szene später auf dem Schirm sah, verging mir echt alles. Im Fernsehen siehst du eh immer mindestens fünf Kilo dicker aus als im realen Leben. Ich kann euch versichern, dass ich dieses Ekelbild gebraucht habe. In diesem Moment wurde ich wachgerüttelt, von meinem Körper UND meinem Verstand. WAS IST DA BITTE PASSIERT? WAS UND WIE VIEL, ZUR HÖLLE, HABE ICH GEGESSEN, DASS ICH SO AUSSEHE?! Ich habe es erst in diesem Moment bemerkt, weil ich mich zum ersten Mal mit Abstand betrachten konnte, auf dem Bildschirm. Hatte also einen anderen Blickwinkel auf mich selbst, eine Art Vogelperspektive. Die Riesenvogelchickenmcnugget-Perspektive mit extra dick Mayo. Also schaute ich danach zu Hause sofort in den Spiegel, zog mich nackt aus und dachte mir: „Ja, geil. Ich glaub, ich hab da einen verdammt guten Wal vor mir." Von da an wusste ich, dass bei mir heftig was schiefgelaufen war – die Waage zeigte unglaubliche 96 Kilo an. Höchste Zeit, den Schalter umzulegen. Ich entwickelte eine ungeheure Willensstärke. Gleich am darauffolgenden Montag fing ich an, auf meine Ernährung zu achten. Das war an einem Freitag. Mist, nur noch zwei Tage, um richtig lecker zu essen ...

Was ich an mir mag: Wenn ich etwas wirklich und mit aller Kraft will, dann ziehe ich das auch komplett durch.

Der Wille zur Veränderung ist eine essenzielle Voraussetzung für den Erfolg beim Abnehmen! Was aber tun, wenn man einen „schwachen Willen" hat und sich nichts zutraut? (7)

So war ich schon immer, schön mit dem Kopf durch die Wand. Es stand so schlimm um mich, dass ich am liebsten aus meiner Haut gefahren wäre, so oder so. „Okay, Saskia, jetzt mal Butter bei die Fische, du bist fett. Fakt ist: Du musst dringend was tun." Aber was genau? Sport treiben? Die Ernährung umstellen? Beides? Kohlsuppe ist räudig. Will keiner, und mir kann auch niemand erzählen, dass die schmeckt. Kohlsuppe ist somit auch ein Arschloch, genau wie Mathe. Ich probierte lange aus, was das Richtige für mich ist, und entschied mich, es auf meine sehr eigene Art und Weise zu machen. Ich habe mich anfangs nur für die Ernährungsumstellung ohne Sport entschieden. Ich wusste, ich würde es nur dann schaffen, wenn ich mich zunächst auf EINE Sache konzentriere. Besser eine große Baustelle als zwei halbe. Bin nicht multitaskingfähig. Was ich aber getan habe: Ich bin fast überallhin zu Fuß gegangen, sofern es die Umstände zuließen. Keine Rolltreppe, kein Aufzug. Mal öfter den Hund ausgeführt, das Fahrrad statt der U-Bahn genommen. Solche Kleinigkeiten bringen dich zumindest etwas in Schwung, genau wie tanzen übrigens.

Bewusste Ernährung nach festen Regeln und Bewegung, das ist der Weg zu einer erfolgreichen Gewichtsabnahme. (8)

Die feierfreundliche Jugend dürfte kein Problem damit haben, wenigstens etwas zu tanzen, wenn sie sich schon volllaufen lässt. So verbrennst du Kalorien und hast auch noch Spaß dabei. Und vielleicht ist es auch gut, sich am nächsten Tag nicht unbedingt an alles erinnern zu können.

Alkohol verhindert das Abnehmen, er enthält viele Kalorien, fördert den Appetit und hemmt die Fettverbrennung im Körper. (9)

MEINE ERNÄHRUNGSUMSTELLUNG — ODER „DIE VERÄNDERUNG". WIE ICH DAS FETT WIEDER LOSWURDE

Diäten sind Arschlöcher. Diiiiiääääätt. Das Wort hört sich doch schon scheiße an. Hat man kein' Bock drauf. DIIIIIIÄÄÄÄÄÄÄT. Will man nix mit zu tun haben. Also nennen wir es doch einfach Ernährungsumstellung. Dit hört sich blumig an. Die üblichen Diäten sind meist zeitlich begrenzt und folgen einem strikten Plan, den man über einen langen Zeitraum kaum durchhalten kann. Also stehen wir nun am Punkt null und haben uns vorgenommen, diesen Sommer eine richtig schöne Bikini-Figur zu haben. Falsch. Wir nehmen uns gar nichts vor, außer uns wohlzufühlen. Druck können wir beim Abnehmen nicht gebrauchen. Druck macht Stress, und Stress bedeutet Schokolade.

Finger weg von Crash-Diäten! Warum ist das so essenziell wichtig? Jedes unkontrollierte Hungern führt langfristig zur Gewichtszunahme! Maßvolle und bewusste Ernährungsumstellung – das ist der sinnvolle Weg zum dauerhaften Wunschgewicht! (10)

Bevor ich jetzt aufschreibe, wie ich abgenommen habe und was meiner Meinung nach dabei am besten funktioniert, möchte ich darauf hinweisen, dass ich keine Ernährungsberaterin bin oder über sonst irgendwel-

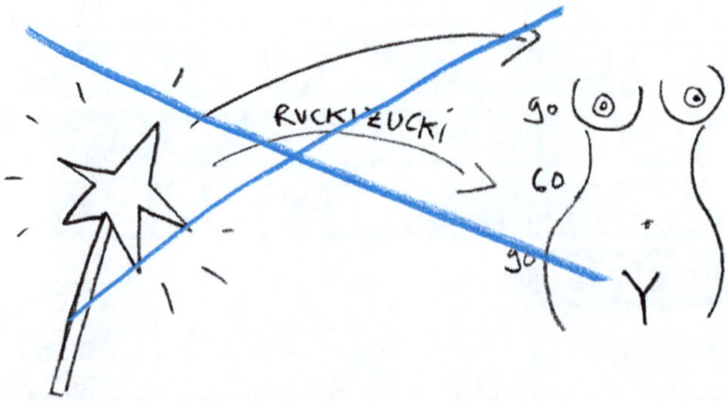

che medizinischen Kenntnisse verfüge. Mein Wissen habe ich einzig und allein durch Erfahrung und Bücher erlangt. Ich nahm in etwa eineinhalb Jahren 30 Kilo ab, die ganze Abnehmphase dauerte insgesamt knapp zwei Jahre. Ich musste ja ausprobieren. Und ich kann euch jetzt schon mal verraten, dass es kein einfacher Weg war. Ich lüge euch nichts vor wie die ganzen Diätprodukthersteller im TV, von wegen „Abnehmen über Nacht" oder „Abnehmen und trotzdem essen, was man will". Lächerlich. Wär das Gleiche, als wenn ein Friseur mit „Glatze schneiden, aber trotzdem Hochsteckfrisur tragen" wirbt.

Wer sein Übergewicht loswerden will, und zwar dauerhaft, muss ordentlich wat tun. Die Ernährungsumstellung ist eine Kopfsache, und das musst du zu 100 Prozent wollen. Du darfst nicht von deinem Plan abkommen, egal, ob sich deine Freunde einen lecker-saftigen Burger reinziehen oder 'ne Pizza oder Döner oder Pommes. DU hast ein Ziel (wohlfühlen). Na gut, wenn du es wirklich ÜBERHAUPT nicht mehr aushältst, darfst du EINMAL abbeißen.

Ziel ist ein „sinnvolles, gesundes und bewusstes Abnehmen"! Dies erreicht man nur durch eine langsame Ernährungsumstellung. Durch konsequentes Umdenken. Kleine „Ausrutscher" sind erlaubt und gehören zum Leben dazu!

Die erste Frage, die mir die meisten Leute stellen, denen ich begegne, lautet: „Boah! Du hast so krass abgenommen! Wie hast du das gemacht?!" „Na bestimmt nicht, indem ich mir jeden Abend 'ne Packung Toffifee reingezogen habe. Wie nimmt man wohl ab?", frage ich dann immer zurück. Und siehe da, jeder kann mir diese Frage beantworten. Sport, gesünderes Essen, wenig Süßes, viel trinken.

Viel trinken ist wichtig! Aber was und wie viel ist richtig? Wasser und kalorienarme, -freie Getränke! Keine Light-Produkte, die sind weder gesund noch dem Abnehmen dienlich. Empfohlene Trinkmenge: 2–3 l täglich. (11)

Jeder weiß doch, wie abnehmen geht, jedenfalls im Groben. Ich habe genau das gemacht, mit ein paar kleinen Tricks. Das Wichtigste ist, dass ihr es wirklich durchzieht. Nicht drei Wochen und dann wieder aufgeben, NEIN. Selbstdisziplin lautet die Devise. Und wenn es „klick" gemacht hat bei dir, ist es keine mühsame Aufgabe mehr, sondern ein automatischer Ablauf.

Die meisten geben nach den berühmten drei Wochen auf, da man in dieser Anfangsphase (18 bis 22 Tage) ziemlich schnell die ersten zwei bis vier Kilo Wasser verliert. Danach geht's natürlich ans Eingemachte, ans Fett. Und dafür braucht der Körper nun mal mehr Zeit als drei Wochen, da er sich umstellen muss. Und diese Zeit müsst ihr euch selbst geben, wenn ihr echte Erfolge sehen wollt. Mit meiner Methode habe ich circa ein bis eineinhalb Kilo in zwei Wochen abgenommen. Der Gewichtsverlust verlief nicht kontinuierlich, da man ja an Weihnachten nicht unbedingt auf die Ernährung achten möchte, was ich auch nicht getan habe. Und den Mädels unter euch möchte ich ans Herz legen, nicht zu hungern und bloß nicht dem Magerwahn zu verfallen. Das Schöne ist: Wenn ihr meinem Plan folgt, könnt ihr essen, aber das Richtige. Und nachdem ihr eure ersten drei Wochen durchgestanden habt, dürft ihr sogar einmal pro Woche richtig schlemmen. Dafür sucht ihr euch am besten den Sonntag aus, da haben die meisten viel Zeit zur Verfügung.

Schlemmertag? Prinzipiell eine gute Idee! (12)

So. Wie schreibe ich das jetzt am besten auf, dass es jeder nachvollziehen kann? Ihr wisst ja, Frauen und Struktur. Immer der Reihe nach. Also ich beschreibe euch jetzt mal meinen Tagesablauf und dann gehe ich näher darauf ein, warum ich das mit dem Abnehmen so und nicht anders gemacht habe.

1. Vor dem Frühstück ein Glas lauwarmes Wasser trinken. Ich brauch nach dem Aufstehen erst mal einen richtig starken Kaffee. Habe lange versucht, ihn ohne Zucker zu trinken, schmeckt mir aber nicht, also kommt etwas Zucker rein. Dazu frühstücke ich meistens so um die eineinhalb bis zwei Brötchen und

belege sie, wie ich will. Wurst, Käse, Lachs, Nutella etc. Am Wochenende noch ein Ei dazu. Beim Frühstück habe ich nie auf etwas verzichtet, sondern mich schön satt gegessen. Dazu, wie gesagt, Kaffee, Orangensaft, Multisaft, Wasser. Ganz nach Belieben.

Das Frühstück sollte man optimieren! Problematisch ist das Brötchen, welches hierzulande ein klassisches Frühstücksritual darstellt! Aber der immense tägliche Brotkonsum – zum Frühstück Brötchen und zum Abend Brot – hat viele Menschen übergewichtig gemacht! (13)

2. Vor dem Mittagessen ein Glas lauwarmes Wasser trinken. Meistens kann ich gar nicht bis zum Mittagessen abwarten, weil ich ein Vielfraß bin. Wirklich. Könnte ich essen, ohne zuzunehmen, würde ich es am laufenden Band tun. Männer, ich muss euch enttäuschen. Der größte Traum einer Frau ist es nicht, irgendwann einen Mann zu finden, der sie über alles liebt und

immer für sie da ist. NEIN! Der größte Traum einer Frau ist es, zu essen, ohne fett zu werden. So sieht's nämlich aus. Wenn ihr also Hunger habt und nicht warten wollt, esst Obst oder Gemüse, am besten roh und wenn es geht mit Schale, wegen der Vitamine. Stimmt das eigentlich oder ist das ein Ammenmärchen? Es stimmt, es ist tatsächlich gesünder und nährstoffreicher, Obst und Gemüse mit Schale zu essen. Denn der Nährstoffgehalt ist unter der Schale am höchsten und somit befinden sich dort die meisten gesundheitsfördernden sekundären Pflanzenstoffe, die sogenannten Phytamine. Diese Phytamine haben einen sehr hohen Stellenwert für die menschliche Ernährung und helfen etwa bei der Senkung des Blutdrucks oder bei der Regulierung des Blutzuckerspiegels. Kann somit die Aussage „Obst und Gemüse ist mit Schale gesünder" bestätigen. Ich mag zum Beispiel Weintrauben und Wassermelone sehr gerne.

Weintrauben enthalten sehr viel Zucker, Ananas ebenso! Die Melone passt schon besser zum Abnehmen! Immer auf den Zuckergehalt der Obstsorten achten! Je mehr Zucker, desto größer die Gefahr der Gewichtszunahme!

Dann gibt es Mittagessen. Hier bitte ich euch, auf eine ausgewogene Mahlzeit zu achten. Forelle in Alufolie mit Kartoffeln, Zwiebelomelette, marinierte Scampi mit Reis und dergleichen. Ihr nehmt einen kleineren Teller als üblich und macht diesen voll. Solltet ihr noch großen Hunger haben, weil ihr lange unterwegs wart oder auf 'm Bau arbeitet, dürft ihr Nachschlag nehmen, hier aber bitte nur aus der Abteilung Gemüse/Salat/Grünzeug. Dessert, oder wie man im Ruhrpott sagt: „Nachtisch", fällt in diesen Wochen aus.

Kleiner Teller?! Sehr gute Idee! Das Verwenden von kleinen Tellern suggeriert größere Essensmengen! Extratipp: Teller in blauen Farben wählen, sie dämpfen den Appetit zusätzlich! (14)

3. Vor dem Abendbrot ein Glas lauwarmes Wasser trinken. Abendbrot, oder wie man im Ruhrpott niemals sagen würde: „Dinner", fällt auch aus. Sorry, war nur Spaß. Solltet ihr in der Zeit zwischen Mittag und Abend wieder Hunger oder Appetit (großer Unterschied) haben, gern wieder zu Obst und Gemüse greifen, am besten roh und mit Schale, wegen der Vitamine. Dann folgt die letzte Mahlzeit des Tages, egal zu welcher Uhrzeit, aber so etwa zwei bis drei Stunden vor dem Schlafengehen. Diesmal dürft ihr alles essen außer Kohlenhydraten (Brot, Nudeln, Kartoffeln, Reis, Süßes, alle Arten von Gebäck, Panaden). Haut euch beispielsweise ein mageres Putenfilet in die Pfanne und dazu Salat, oder Tomate-Mozzarella (Fettgehalt beachten), Spiegelei, Erdbeeren mit Magerquark, ein leckeres Omelette mit Tomaten, Paprika und Schnittlauch. Mahlzeit! Tag 1 geschafft.

Abendbrot ohne Brot! Das ist das Ziel! Bei Rohkost auf die Qualität achten und vor dem Verzehr unbedingt gut waschen! (15)

Achtet drauf, immer ausreichend zu trinken (mindestens zwei Liter am Tag), am besten Tee und Wasser. Das ist sehr wichtig für euren Stoffwechsel.

Zwei bis drei Liter Trinkmenge am Tag sind optimal; Wasser und ungesüßte Teesorten sind am besten regelmäßig über den Tag verteilt zu trinken!

Das klingt jetzt alles erst mal sehr einfach. Ist es auch. So und nicht anders habe ich 30 Kilo abgenommen. Das ist vermutlich nicht die schnellste Variante, aber sicher die gesündeste und nachhaltigste. Es kommt nicht darauf an, schnell und viel abzunehmen, sondern das wiedererlangte Normalgewicht halten zu können. Das Schwierigste daran für mich war immer, Rezepte zu finden, die Kohlenhydratabbau begünstigen, die ich mag und die mir nicht nach einer Woche zum Hals raushängen. Aber da gibt es tatsächlich eine ganze Menge, schaut doch einfach mal auf einer der vielen Rezeptseiten im Internet nach.

Warum so und nicht anders? Na gut, ich möchte jetzt nicht behaupten, dass meine „Diät" die allerbeste ist und alles andere nullkommanix bringt. Ich kann euch lediglich an meinen Erfahrungen teilhaben lassen und glaube, ein paar Dinge weiß ja auch jeder selbst, etwa dass viele Süßigkeiten dick machen und schlecht für die Zähne sind. Ich bin ja schließlich keine Ernährungsberaterin, aber ich habe vieles ausprobiert und bin mit meiner Methode am besten gefahren. Egal, was ihr über einen längeren Zeitraum durchzuziehen versucht, ihr braucht dafür einen starken Willen, ohne funktioniert's nicht. Für mich war das Problem jeder Diät der ständige Hunger und dass ich immer das Gefühl hatte, meinem Körper fehle irgendetwas.

Der ständige Hunger kommt bei vielen Diäten durch eine nicht ausgewogene Mangelernährung, die oft nur auf fettarmes Essen in geringen Mengen setzt; dies provoziert geradezu den Heißhunger. (16)

Deshalb habe ich mich bei meinem Abnehmen für ein gutes Frühstück entschieden, damit ich gut (gelaunt) in den Tag starte. Müsste ich schon morgens auf etwas verzichten oder auf meine Ernährung achten, hätte ich schon keinen Bock mehr auf den Tag. Mir ist wichtig, dass ich mich gut dabei fühle. Deshalb verzichte ich beim Frühstück auf nichts. Zwischen dem Frühstück und dem Mittagessen, falls Hunger aufkommt (was 'ne Frage), trinke ich einen Smoothie oder esse Obst/Gemüse. Nehmt Obst oder Früchte mit geringem Fruchtzuckeranteil, also Erdbeeren, Honigmelone, Himbeeren, Avocado, Acerolakirschen, Brombeeren, Papaya, Limetten etc.

Auf die Qualität der Produkte achten und ausreichend waschen, falls die Schale mitgegessen wird. Bioprodukte besonders gut waschen, da z. B. Biosalate oft mehr verschmutzt sind! (17)

Beim Mittagessen rate ich euch, einen kleineren Teller als üblich zu nehmen, diesen aber vollzumachen. Warum? Der Trick dabei ist ganz einfach. Das Auge isst ja bekanntlich mit, und ihr gaukelt eurem Auge vor, eine ganze Portion verdrückt zu haben (auch wenn der Teller kleiner war). Das Sättigungsgefühl tritt schneller ein, in der Regel nach etwa 20 Minuten. Esst ihr dazu noch langsam und kaut das Essen sorgfältig, seid ihr noch schneller satt. Zwischen Mittagessen und Abendbrot wieder eine kleine Zwischenmahlzeit in Form von Obst/Gemüse einschieben und natürlich wieder vor dem Essen ein lauwarmes Glas Wasser trinken. Mit diesem Glas Wasser füllt ihr bereits euren Magen etwas auf, und da warmes Wasser bekanntlich leichter ist als kaltes, bekommt ihr es besser runter.

Wer auf eine Zwischenmahlzeit verzichten kann, der sollte es tun! Jede Form des Essens stimuliert die Blutzuckerausschüttung! Natürlich ist ein Stück Obst oder Gemüse bzw. eine kleine Handvoll Mandeln oder Nüsse immer besser als ein Schokoriegel, aber günstig für ein erfolgreiches Abnehmen ist eine lange Essenspause zwischen den Mahlzeiten, ca. 4 h!

Zum Abendbrot solltet ihr auf Kohlenhydrate verzichten, da ihr zwei bis drei Stunden später schlafen geht und der Körper nachts Eiweiß verdauen kann, Kohlenhydrate aber nicht. Daran müsst ihr euch unbedingt halten. Solltet ihr abends trotzdem noch Hunger oder auch nur Appetit haben, greift zu Obst, wenn ihr es gar nicht mehr aushaltet, aber bleibt stark, denn ihr könnt euch auf ein gutes Frühstück freuen.

Vorsicht! Obst als Betthupferl ist eventuell zu zuckerlastig! Vor allem Weintrauben, Ananas und Bananen! Stattdessen empfiehlt sich besser ein Joghurt mit Zitronensaft, etwas Lachs mit Zitronensaft, einige Walnüsse oder wer trotzdem auf Obst nicht verzichten will – dem sei ein Apfel gegönnt! (18)

Guten Appetit!

RAUS MIT EUCH! OHNE BEWEGUNG GEHT NIX

Sport hört sich so streng und nach viel Arbeit an, deswegen benutze ich lieber das Wort Bewegung. Richtige Bewegung spielt natürlich eine große Rolle, gerade wenn man etwas mehr abnehmen möchte. Durch ausreichend Bewegung wird beispielsweise der Stoffwechsel angekurbelt, und Muskeln können durch Energiebedarf Fett verbrennen. Also alles durchweg positiv. Der Körper schüttet Endorphine aus, und du fühlst dich einfach richtig gut, nachdem du dich viel bewegt hast. Das kann fast jeder bestätigen. Ich ja auch. So, jetzt sitzt du da, es ist Herbst, draußen regnet's, und du hast überhaupt keine Lust durchs Nasse zu joggen. War auch nie meins. Und wird auch nie meins werden. Ich mag auch keine Fitnessstudios, weil ich immer das Gefühl habe, die verbrauchte Luft einzuatmen, die andere ausgeatmet haben. Und obendrein hängen komische Gerüche und Schweiß in der Luft. Wenn Bewegung, dann möchte ich dabei frische Luft. Aber was mache ich, wenn's draußen doof ist?

Ich lüge nicht, wenn ich euch sage, dass ich im Winter keinen oder kaum Sport gemacht habe. Okay, ich hatte wahrscheinlich ausreichend Bewegung durch die Arbeit, aber ich kenne das Gefühl, wenn man im Winter oder Herbst einfach keine Lust hat rauszugehen. Im Sommer bewege ich mich dafür umso mehr. Ich kann auch bei 30 Grad laufen gehen, mir macht Hitze nichts aus. Aber Kälte. Ich hasse den Winter und finde außer Skifahren auch nichts schön daran. Aber wenn du keine Bewegung durch deinen Beruf hast, musst du was tun und dich ab und zu mal quälen, weil ohne Bewegung eben nichts läuft (kleines Wortspiel). Ich musste mal sechs Stunden lang bei minus 15 Grad drehen, da hat auch niemand gefragt, ob ich Lust dazu hatte. Es war mein Job und das, was ich am allermeisten im Leben will und wollte, also gehörte das einfach dazu.

Das Gute ist, dass ihr im Winter mehr oder zumindest genauso gut abnehmen könnt wie im Sommer, denn den Körper vor Kälte zu schützen und auf 36 Grad aufzuheizen verbraucht mehr Energie, als zu schwitzen. Wenn ihr euch dann noch so ernährt, als sei es Sommer, nehmt ihr schneller ab. Aha! Wissen aber viele gar nicht. Was meint ihr, wie viel Energie man verbraucht, wenn man sich wenigstens 15 Minuten lang täglich bewegt und zum Beispiel walkt (schnelles Gehen)? Und wie gut man sich danach fühlt? Seit ich im April 2014 bei „Berlin – Tag & Nacht" ausgestiegen bin, fehlt mir ganz klar die tägliche Bewegung durch den Beruf. Also bleibt mir nichts anderes übrig, als mich auch bei ungemütlichem Wetter nach draußen zu bemühen und mich ein wenig zu bewegen.

Ein Schrittzähler als Alltagshelfer ist optimal! Um genug Bewegung zu erreichen, sollte das Tagesziel bei 10 000 Schritten liegen!

OBST UND GEMÜSE

Obst und Gemüse sind megagesund, das weiß jedes Kind. „An apple a day keeps the doctor away!", lautet es schon in der Schule. Vitamine sind lebenswichtig, und Obst und Gemüse sind gute Lieferanten für diese Vitamine, aber auch für Mineralstoffe und Spurenelemente. Jeder sollte täglich Obst/Gemüse essen, das ist gesund und dazu auch noch lecker. Ich bin kein Fan von jeder Art Grünzeug oder Frucht, ich hasse Artischocken, Grünkohl, Auberginen, Rosenkohl und Grapefruits. Dabei sind Grapefruits gerade gut für die Fettverbrennung. Kann mich aber einfach nicht an dieses Bittere gewöhnen. Aber wer kann denn bitte im Hochsommer eine kalte Wassermelone oder eine kühle Ananas ablehnen? Lecker!

Bitte mehr Bitterstoffe! Bitterstoffe, wie in bestimmten Kräuter- und Gemüsesorten (z. B. Chicorée, Salate etc.), sind hervorragend nicht nur für die Gesundheit im Allgemeinen, sondern auch für das erfolgreiche Abnehmen, denn Bitterstoffe hemmen den Appetit auf Süßes!

Seit ein paar Jahren gibt es in den Supermärkten klein geschnittenes Obst zu kaufen. Das gab's früher nicht und ich glaube, dass heute deswegen mehr Menschen Obst essen. Es ist eben superpraktisch – kein Schneiden, Schälen oder Zubereiten. Bietet eurem Besuch einen Apfel an, so wie er ist, und wartet ab. Wird der Apfel nicht gegessen, nehmt ihn, schneidet ihn klein und stellt ihn wieder auf den Tisch. Schwupps, verschwindet der Apfel im Mund. Ein Ernährungstrend sind außerdem Smoothies, die bieten die Chance, möglichst viel Obst (oder Gemüse) in kurzer Zeit und bequemster Form zu sich nehmen, nämlich als Drink. Dem Menschen kann es nie bequem genug sein, und es geht doch immer irgendwie ein bisschen besser, oder? Obst/Gemüse in Form eines Smoothies zu verputzen ist cooler, als einen Erdbeerkuchen oder einen Apfelstrudel zu verdrücken. Obst und Gemüse lassen sich auf die verschiedenste Art und Weise miteinander kombinieren, und sofern du nicht 500 Gramm Zucker zusätzlich in den Mixer kippst, ist das Ganze auch sehr gesund. Natürlich solltest du nicht gleich täglich drei davon trinken, denn es steckt auch Fruchtzucker in dem Drink. Wer also keine Lust darauf hat, Obst zuzubereiten und zu kauen, kann es doch wenigstens in den Mixer hauen und trinken. So mache ich es auch oft, da kannste auch meistens die Schale dranlassen. Außer natürlich bei Ananas oder Kokosnuss.

Zum gesunden Aufpeppen des grünen Smoothies eignen sich ein Spritzer Zitronensaft und ein paar Tropfen hochwertiges Pflanzenöl. (19)

DER BESTE TAG DER WELT: MEIN SCHLEMMERTAG

Der Schlemmertag, bei mir immer sonntags, ist der beste Tag der Welt. I love it. Da esse ich alles, so viel ich will, wann immer ich Appetit, Lust, Laune, Zeit und Geld habe. Alles in mich rein. Frühstück, Sushi, Burger, 'ne Packung Toffifee, ein 10er-Paket Milchschnitten, Kinder Bueno, Raffaello. Als hätte der Tag nicht 24 Stunden, sondern doppelt so viele. Das Gute daran ist, dass ich an diesem Tag alles esse, wonach mir gelüstet, und dann prima eine Woche lang diese Gier und den Appetit wieder unterdrücken kann, die zum Glück mit der Zeit schwächer werden. So habe ich meine Heißhungerattacken fast völlig ausgeschaltet. Ich gewinne den Kampf jedes Mal von Neuem. Ein herrliches Gefühl. Es gibt eine kleine Ausnahme für Mädels: Wenn sie Besuch von der „Roten Armee" haben, dann kann man in den ersten zwei Tagen nichts oder kaum etwas kontrollieren, das ist dann aber auch nicht schlimm. In diesen Tagen verbraucht der Körper ja wieder mehr Energie, und man wiegt ja auch automatisch ein bis zwei Kilo mehr in dieser Zeit. Aber zurück zum Schlemmertag. Ich weiß nicht, ob das bei jedem Menschen so klappt, aber bei mir hat's funktioniert und vielleicht probiert ihr das einfach mal aus. Wenn sich euer Körper an den „neuen" Stoffwechsel gewöhnt hat und wenn ihr ihn auf Vordermann gebracht habt, wird ein Schlemmertag diesen Kreislauf nicht mehr durcheinanderbringen. Ihr müsst dann einfach nur am „day after" fünfmal mehr auf Toilette als sonst. Ich habe den Schlemmertag erst in der vierten Woche eingeführt, da der Körper etwa drei Wochen benötigt, um sich an die Ernährungsumstellung zu gewöhnen.

Kommentar: Der Schlemmertag als Institution ist eventuell hilfreich, um „Abnehmfrust" und „Verzichtsgedanken" zu vermeiden. (20)

Und nun präsentiere ich euch meine Top 5 der Fress-Perversitäten für den Schlemmertag! Trommelwirbeeeeel!

Platz 1: 10er-Paket Milchschnitten kaufen, die braunen Scheiben abtrennen, das innere Weiße in eine Schüssel geben und mit dem Löffel essen.

Platz 2: Milchmädchen. Gezuckerte Kondensmilch, schmeckt ähnlich wie die weiße Füllung der Kinderschokolade. Das auf einen Spekulatiuskeks geben und rein damit.

Platz 3: Nutella in eine Tasse geben, in der Mikrowelle oder im Wasserbad schmelzen lassen und Banane oder anderes Obst eintunken.

Platz 4: Matschige Brownies mit Sahne, am besten selbst gemacht, dann sind sie noch warm.

Platz 5: Warme Waffel mit Ben & Jerry's Chocolate Fudge Brownie oder einem leckeren Cookie von Subway, die machen meiner Meinung nach die besten.

DAS ABSOLUTE MUST-HAVE: MOTIVATION // UND BITTE DURCHHALTEN BIS ZUM SCHLANKEN ENDE!

Ich weiß, wie schwierig es ist, seinen inneren Schweinehund zu überwinden, denn der ist ein echtes Arschloch! Aber da nichts, was man im Leben unbedingt will, ohne Motivation und Disziplin funktioniert, solltet ihr euch die Frage stellen, was genau ihr wollt. Möchtet ihr euch nur gesünder ernähren, um euch besser zu fühlen, oder wollt ihr abnehmen, um euch wieder richtig wohlzufühlen?

Eins ist jedenfalls klar: Ohne einen starken Willen geht das Ganze nicht. Aber wie baue ich diesen Willen und das damit verbundene Durchhaltevermögen auf? Puh! Erst mal müsst ihr es zu 100 Prozent selbst wollen, damit es „klick" macht. Ich weiß ja, wovon ich rede: Man nimmt sich etwas vor und dann haut man sich fast im selben Moment eine Tüte Chips rein oder man verschiebt es auf morgen. Deshalb hilft es meiner Meinung nach, wenn man sich immer wieder seiner selbst bewusst macht. Schaltet euer ewig gierendes Unterbewusstsein aus, denn ihr seid stärker! Aber

adidas

setzt euch bitte nicht unter Druck, ihr wisst ja, was das bedeutet. Nehmt euch kein festes Ziel vor, sondern ein ungefähres, und legt den Zeitraum, in dem ihr abnehmen wollt, nicht genau fest. Orientiert euch dabei nicht daran, wie schnell etwas bei anderen Menschen funktioniert, da es bei jedem individuell ist. Nur weil eure Freunde in drei Wochen fünf Kilo abgenommen haben, heißt das noch lange nicht, dass dies auf gesunde Art und Weise geschieht. Oder dass es langfristig anhält und kein Jo-Jo-Effekt eintritt beziehungsweise dass es bei euch genauso schnell klappt. Macht euch frei von jedem Vergleichszwang und konzentriert euch nur auf euch selbst – und dazu müsst ihr euch mit euch selbst konfrontieren!

Einige von euch kennen das bestimmt: ein abschreckendes Foto von sich selbst auf der Vorderseite des Kühlschranks. Für mich war das die beste Konfrontation, um herauszufinden, was ich meinem Körper eigentlich damit antue, wenn ich mich äußerst ungesund ernähre und dazu noch wenig bewege. Man hat nur diesen einen Körper und dieses eine Leben, also sollte man doch gut damit umgehen, richtig? Wie viel überschüssiges Fett muss das Herz versorgen? Welche Last tragen die Bandscheiben? Wie oft seid ihr krank? Ständig höre ich den Satz: „Ja, ich weiß ja, wie das alles funktioniert, aber ich schaffe das einfach nicht!" DOCH, DU SCHAFFST DAS! Wenn du etwas zu 100 Prozent willst, dann schaffst du das auch. „Wer etwas will, findet Wege, wer etwas nicht will, findet Gründe", sagt meine Freundin immer und es ist wahr. Natürlich rede ich hier von machbaren Dingen wie Abnehmen und nicht davon, schnellstens Millionär zu werden, weil man es ja unbedingt will. Ich weiß nicht, ob Motivation eine Sache ist, die man lernen kann, aber ich weiß, dass Motivation durch Erfolgserlebnisse beeinflusst werden kann.

Puh.

Hälfte geschafft.

(noch 125 Seiten!)

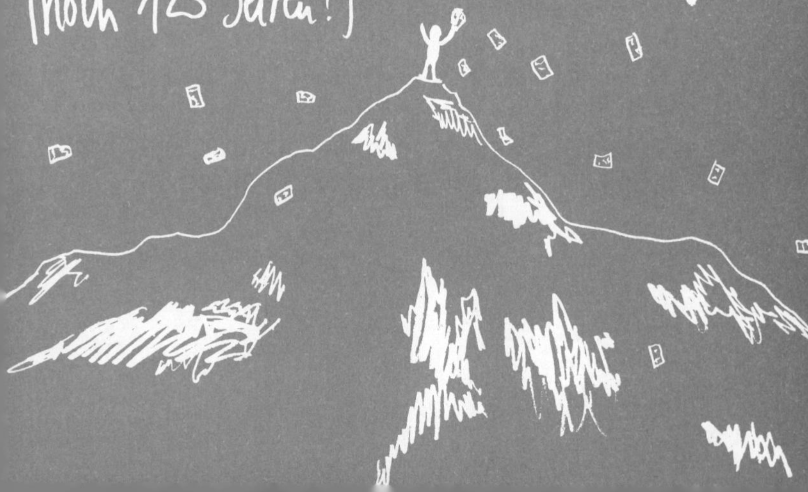

Das Geheimnis liegt in den „kleinen Schritten"! Man muss es nicht nur wollen, man muss es auch tun!

Deshalb halten die meisten Leute eine Ernährungsumstellung nur etwa zwei bis drei Wochen durch, haben bis dahin vielleicht zwei bis vier Kilo Wasser verloren – und geben dann zu früh auf, weil man erst mal stehen bleibt und weniger schnell abnimmt als am Anfang. Dabei geht es doch dann erst richtig los! Denn jetzt geht's ans Eingemachte, das heißt ans Fett. Euer Körper stellt sich um, und in dieser heiklen Phase müsst ihr durchhalten! Natürlich fehlt dann erst mal das Erfolgserlebnis, aber nur Geduld, es geht dann auch wieder voran.

Viele Leute erwarten von sich selbst zu viel und scheitern dann, weil sie sich zu sehr unter Druck gesetzt haben. Gebt eurem Körper Zeit und übertreibt es nicht mit dem Abnehmen, denn das kann ganz schön ins Gegenteil umschlagen. Wenn ihr nämlich zu wenig esst, „denkt" euer Körper, er bekäme keine Nahrung mehr und legt das Wenige, was er bekommt, in Fettreserven an. Deshalb habe ich mich an das alte Sprichwort gehalten: „Morgens wie ein Kaiser, mittags wie ein König und abends wie ein Bettler." Dazwischen gern Obst und Gemüse, mehr ist es nicht. Jeder kann das schaffen, wenn er sich nur genügend motiviert und wirklich Lust dazu hat, gesünder zu leben.

Das Alles-oder-nichts-Denken behindert das erfolgreiche Abnehmen. Viele Übergewichtige wollen zu schnell zu viel erreichen und versagen sich alle Genüsse, werden traurig und leiden an Diätfrust! Lieber langsam Schritt für Schritt zum Ziel!

Ich selbst erlebte einen Schlüsselmoment, als ich mich auf dem Bildschirm sah. Meine BTN-Kollegen und ich saßen alle in einem Raum, vor dem Fernseher, und niemand sagte etwas. Erst als ich laut aufschrie: „ACH DU KACKE, BIN ICH DIIIIICK!!!", lachten die anderen und wollten mich damit trösten, dass der Kamerawinkel echt ungünstig gewesen sei. „Leute, ich sehe es, ihr seht es, ihr verletzt mich nicht. Alina ist einfach ein kleines dickes Robbenbaby." Dann lachten wir gemeinsam. Vielleicht hattet ihr ja auch schon euren Schlüsselmoment. Vielleicht lässt sich der ja auch irgendwie „herausprovozieren", indem man sich etwa selbst dabei filmt, wie man nackt im Schlafzimmer auf und ab läuft. Als ich zunahm, war ich mir meines Körpers nicht so bewusst wie jetzt. Erst als ich merkte, wie dick ich schon war, habe ich auch erkannt, wie ungesund meine Lebensweise war.

Früher war ich immer sportlich, besaß ausreichend Kondition und hatte gute Muckis. Aber als Dicke konnte ich nicht mal in den dritten Stock laufen und dabei sprechen, weil ich so außer Atem war. Das ist doch nicht normal! Ich schaffte keine Liegestütze oder Klimmzüge mehr, die mir vor dem Zunehmen keine Probleme bereiteten. Es war einfach ekelhaft für mich, zu wissen, mich nicht mal eine Sekunde lang an der Klimmstange halten zu können. Oder nehmen wir ein

Klettergerüst. Fast jedes Kind schafft es, sich mindestens über die Hälfte des Klettergerüsts zu hangeln. Klar sind Kinder leichter und haben auch viel weniger Kraft, doch immer noch mehr als ich damals. Probiert das mal auf einem Spielplatz aus.

Ein anderer kleiner Trick ist: Was nicht da ist, kann auch nicht konsumiert werden. Ich weiß, die Süßigkeitenregale im Supermarkt sind saugemein. Deshalb versucht erst gar nicht, Süßigkeiten zu kaufen, dann könnt ihr auch keine essen. Ihr müsst euch da ein bisschen selbst auf die Finger hauen.

Gute Idee! Das Einschränken der frei verfügbaren Süßigkeiten zu Háuse! Der Geldbeutel spart, und die Waage freut sich!

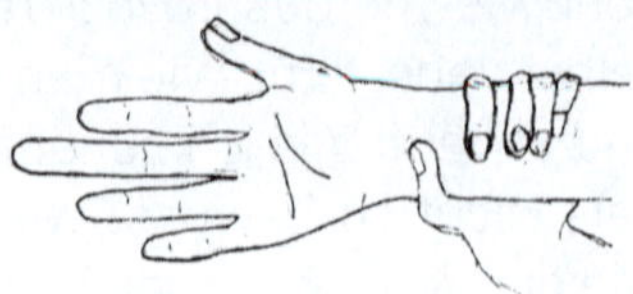

Wenn euch das mit der Ernährung so schwerfällt, macht es euch zur Gewohnheit, nur Wasser zu trinken. Geht kleine Schritte. Stellt euch vor den Spiegel, schaut euch genau an und fragt euch, ob ihr euch wirklich wohlfühlt, so wie ihr seid. Ich habe nicht mehr gern in den Spiegel geblickt, als mir bewusst wurde, dass ich dick bin. Jetzt weiß ich, wie blind man sein kann, wenn man immer mehr zunimmt. Aber ich musste mich erst meiner selbst bewusst machen und diesen

Schlüsselmoment erleben, bis mir das auffiel. Und das tat auch ein bisschen weh. Wenn ich heute zurückdenke, ekle ich mich manchmal immer noch vor mir selbst oder vor dem, was und wie viel ich gefressen habe, denn essen konnte man das nicht mehr nennen. Natürlich hatte ich auch schwache Momente und das Gefühl, einfach keinen Bock mehr zu haben, darauf zu achten, was ich esse. Aber das Gefühl hatte ich nur so lange, bis ich satt war, und dann war auch wieder gut.

Ihr werdet das schaffen, gebt euch Zeit! Es ist ja schließlich noch kein Meister vom Himmel gefallen.

F.B.I.

Doch,

du schaffst das!

FAHRPLAN RICHTUNG WOHLFÜHLGEWICHT

1.ERKENNTNIS: ICH BIN ZU DICK

Hattest du schon einen Schlüsselmoment? Falls nicht, wie kannst du ihn provozieren? Foto? Video?

Merke: „Bin ich gesund?"

2. VERÄNDERUNG UND METHODE

Keine Diät, sondern Ernährungsumstellung!

Merke: „Diäten sind Arschlöcher!"

Low carb und viel trinken, Bewegung!

Merke: „Ohne Bewegung läuft nichts!"

Schlemmertag ab Woche 4

3. MOTIVATION UND DURCHHALTEVERMÖGEN

Selbstwahrnehmung, Konfrontation, Willen

aufbauen!

Merke: „Ich schaffe das, weil ich das will!"

Schlemmertag ist auch eine Motivation!

Merke: „Noch zweimal schlafen und ich darf essen, so viel ich mag!"

4. GEWICHT HALTEN

Unterschied zwischen Appetit und Hunger!

Merke: „Ich esse, was mir beliebt, aber nur dann, wenn ich Hunger habe!"

5. BLOSS NICHT ZU VIEL! KEIN MAGERWAHN!

Merke: „Auch über Dicke darf man Witze machen."

EXTRAMERKE:

„Egal welchen Weg du letztendlich gehst, enden soll er immer dort, wo du dich wohfühlst."

„DICKE SCHWITZEN WIE DIE SCHWEINE“

(Marius Müller-Westernhagen, „Dicke“)

Zu diesem Kapitel hat mir meine Freundin – übrigens meine größte Inspiration und vom Körperbau her eine sehr zierliche Person, die aber mehr isst, als ich überhaupt schaffe – einen Denkanstoß gegeben. Sie sagte zu mir: „Warum sagen eigentlich alle Leute zu schlanken Menschen, dass sie mehr essen sollen und viel zu dünn aussehen? Stell dir mal vor, ich würde zu allen dicken Personen sagen, dass sie mal abnehmen und weniger essen sollen, wenn sie noch durch die Tür passen möchten!“ Joa. Stand ich da mit offenem Haar und wusste keine Antwort. Das musste ich herausfinden, und ich bin zu dem Ergebnis gekommen, dass hier nicht das Gewicht, welches uns als normal suggeriert wird, ausschlaggebend ist. Mir fiel auf, dass sich viele Leute nicht trauen, dicke Menschen als genau das zu bezeichnen – das Wort „korpulent“ ist stattdessen sehr beliebt –, da immer die Angst besteht, die andere Person zu verletzen oder zu beleidigen. Warum aber hat man diese Angst nicht bei schlanken, zierlichen Menschen? Wenn man sie zum Beispiel als Fliegengewicht bezeichnet und ihnen immer wieder nahelegt, mehr zu essen. Auch das kann auf Dauer sicherlich sehr verletzend sein. Ständig zu hören bekommen, man solle doch mal zunehmen, sei viel zu dünn. Fett zu sein wird also von der Gesellschaft toleriert, dünn zu sein dagegen nicht? Dabei fehlt gerade diesen stark übergewichtigen Personen meiner Meinung nach die Konfrontation durch Öffentlichkeit und Gesellschaft. Es wird zwar bis zum Erbrechen (sorry,

kleines Wortspiel meinerseits) darüber berichtet, wie dünn die Models heutzutage seien und dass das alles nichts anderes als ein riesiger Magerwahn-Einheitsbrei sei, aber warum wird denn nicht mal endlich die Verfettung des Landes angesprochen?

Verfettung das Landes?! Große Gefahr zur „Verfettung" besteht für die Leber! (21)

Nein, bloß nicht. Man könnte ja jemandem aua machen. Es gibt dicke Schüler, die aufgrund ihres Gewichts im Sportunterricht gesondert benotet werden. Die müssen dann nicht wie alle anderen zehn Runden laufen, um eine Eins zu bekommen, sondern nur fünf. Wie ungerecht ist das denn bitte? Da krieg ich die Krise. Das nervt! Wie soll denn ein Kind merken, dass es zu dick ist, wenn es nicht die Nachteile dadurch erfährt?

Sobald es um das Thema Dicksein geht oder ein Witz erzählt wird, in dem ein Dicker für den Lacher sorgt, oder man sich über einen Dicken aufregt, verändert sich die Art und Weise des Gesprächs sofort, wenn eine dicke Person mit am Tisch sitzt. Neulich habe ich einen Dicken-Witz erzählt, bei dem alle gelacht haben. Doch hinterher sagte mir jemand, dass das ja wohl ein Riesenfettnäpfchen gewesen sei. „Wie? Warum Fettnäpfchen?", fragte ich. „Na ja, Jenny saß doch mit am Tisch." „Na und? Denkst du etwa, Jenny weiß nicht, dass sie dick ist? Ich mein, sie hat am lautesten gelacht!" Das ist so, ich konnte auch darüber lachen, als ich dick war. Und wenn man die betroffene Person direkt darauf anspricht, bekommt man immer zu hören: „Quatsch, ich fühl mich doch nicht angegriffen, war doch lustig!" Die besten Türkenwitze habe ich von Türken selbst gehört und ich bin ganz sicher eine, die am lautesten lacht, sobald ein Lesbenwitz erzählt wird. Es lässt sich natürlich auch aus allem ein Problem machen. Witze über schlanke Menschen gibt es, glaube ich, gar nicht. Also auch wieder völlig gaga. Über Dicke macht man Witze, sagt ihnen aber nicht, sie sollten abnehmen, weil es ungesund ist – und über dünne, zierliche Personen macht man keine Witze, sagt ihnen aber, sie sollten mehr essen. Und ich wette, ihr wisst, was ich meine, achtet mal darauf, denn jeder von euch kennt mindestens eine dicke und eine zierliche Person.

Doch woher kommt dieses Denken? Ich glaube, das hängt mit der Evolution zusammen und ist eine Art Instinkt, der uns dünne, schlanke und deshalb schwach wirkende Personen dazu auffordern lässt, mehr zu essen, damit sie ein starkes Mitglied der Gruppe werden. Zierliche, kleine Menschen sehen immer irgendwie schwächer aus, was aber nicht unbedingt zutreffen muss. Und gut im Futter stehende Personen, vor allem wenn sie darüber hinaus auch noch groß sind, sehen immer irgendwie stärker aus, belastbarer und man traut ihnen mehr zu. Dabei ist es meistens genau umgekehrt: Dicke Leute sind nicht so belastbar, wie sie aussehen. Wenn ihr mich fragt, sind Frauen den Männern geistig überlegen, aber meist körperlich unterlegen. Wenn ihr einen Bodyguard bräuchtet, würdet ihr euch lieber von einem Mann oder einer Frau beschützen lassen? Die meisten würden natürlich den Mann wählen, wobei diese Entscheidung einfach nur aufgrund der körperlichen Überlegenheit des Mannes getroffen wird. Es sei denn, du hast die Wahl zwischen der 1,90 Meter großen bärtigen ungarischen Kugelstoßerin Olga und dem 1,65 Meter großen zarten Postboten Jochen.

Ich jedenfalls glaube, es ist eine Art Beschützerinstinkt, der uns dazu verleitet, andere aufzufordern, mehr zu essen. Viele denken, Dicke bräuchten weniger Schutz als dünne Heringe. Also raten wir dünnen Personen, mehr zu essen, um stärker zu werden. Dicken Personen aber sagt man nichts, da der Instinkt hier vielleicht aussetzt. Doch dass man davor zurückschreckt, das Kind beim Namen zu nennen, und deshalb dicken Personen besser keine Dicken-Storys erzählt, aus Angst sie zu verletzen, ist sicher kein Instinkt, sondern bloße „Übervorsichtigkeit". Und Übervorsichtigkeit ist ein Arschloch.

DAS SEIN BESTIMMT DAS BEWUSSTSEIN // UND DAS SELBSTWERTGEFÜHL DAS SELBSTBEWUSSTSEIN

Ich fühle mich wohl. Das kann ich wirklich mit hundertprozentiger Überzeugung sagen. Erwähnte ja schon, dass ich es niemandem glaube, dass er/sie sich wohlfühlt und dabei sehr dick ist. Ich rede jetzt nicht von pummelig, sondern von richtig dick. Da ich nun diesen Vorher-Nachher-Vergleich kenne, weiß ich meinen Körper und das allgemeine Wohlgefühl viel mehr zu schätzen. Ich bin wieder sportlicher, besitze eine bessere Kondition, kann in normalen Shops Klamotten kaufen und habe jetzt modisch eine viel größere Auswahl als früher. Ich kann mich sexy fühlen, weil ich und mein Körper das zulassen. Komischerweise konnte ich das auch schon, als ich dick war. Na ja! Dafür hätte ich den Kajal weglassen sollen. Alles in

Ich fühle
mich
wohl.

allem möchte ich euch sagen, dass das Sichwohlfühlen, sei es nun mit dem eigenen Gewicht, mit seinem Geschlecht oder mit irgendetwas anderem, eine entscheidende Rolle bei der Persönlichkeitsentfaltung spielt und sehr wichtig ist für das Selbstbewusstsein und die Selbstsicherheit. Fühlst du dich wohl, strahlst du das auch aus. Akzeptierst du dich selbst voll und ganz und bist glücklich mit dir, so wie du bist, hast du ein größeres Selbstwertgefühl als jemand, der ständig an sich herummeckert, sich mit anderen vergleicht und sich selbst als Verlierer abstempelt.

Die Einstellung zu mir selbst ist ausschlaggebend für vieles, was mir im Leben passiert und wie ich das aufnehme. Man darf sich niemals abhängig machen von den Meinungen anderer Leute. ICH muss mich so wohlfühlen, ICH muss so rumlaufen und ICH muss so in den Spiegel schauen können. Man darf nicht immer auf der Suche nach Bestätigung sein, ich mein, für was auch? Ist man dann ein besserer Mensch, wenn man viel Bestätigung erlangt? Wer legt denn fest, was schön, in oder cool ist? Man muss zu sich selbst stehen und dabei stets auf seine innere Stimme hören. Klar, jeder geht irgendwann mal mit der Mode, mit dem, was gerade angesagt ist. Aber ich will nicht wissen, wie viele Teenies da draußen unter einem immensen Druck stehen, weil sie ihr Selbstwertgefühl davon abhängig machen, was andere über sie denken. Das darf nicht sein. Mode ist nur ein Anreiz und bestimmt nicht, ob du dich wohlfühlst, wenn du dich nach ihr richtest.

Ich habe meinen eigenen Style und mir ist scheißegal, ob das, was ich gerade trage, modern ist oder nicht, denn die Hauptsache ist, dass ich mich wohlfühle. Als ich dick war oder besser gesagt, als ich erkannt habe, wie dick ich geworden war, habe ich mich nicht wohlgefühlt. Trotzdem habe ich mein Selbstwertgefühl davon nie beeinflussen lassen. Ich denke, jeder kennt das. Kriegen wir Komplimente, fühlen wir uns in unserem Tun und Sein bestätigt und es fühlt sich gut an. Aber bekommen wir etwas Negatives gesagt oder ernten Kritik, macht es uns nieder. Das hat sicherlich jeder schon einmal gefühlt und ich schreibe hier nichts Neues. Solange es sich um konstruktive Kritik handelt und man etwas Positives daraus ziehen kann, steckt man es leichter weg, und manchmal führt das sogar zu einer Verbesserung. Es gibt aber auch Menschen, die dann sofort in eine Art Depression verfallen, niedergeschlagen, traurig oder wankelmütig werden. Doch warum eigentlich? Nur weil jemand anderes etwas gesagt hat, das der eigenen Meinung nicht entspricht? Weil das dein Verlierergefühl verstärkt und du dich nun noch wertloser fühlst als zuvor? Das darf ebenfalls nicht sein. Ich bin doch für das, was ich von mir halte und über mich denke, auch selbst verantwortlich. Wie viele Menschen sehen wunderschön aus, haben Geld, lassen sich feiern und scheinen perfekt zu sein? Doch was bringt mir das alles, wenn ich ein Riesenmiststück bin, keine echten Freunde habe und ständig allein schlafen muss? Eins weiß ich ganz sicher: Charakter macht schön! Jeder Mensch hat etwas Schönes an sich. Man muss sich nur selbst schön finden. Und das ist nun mal unabhängig von Geld, Beruf oder sonst was.

Der Drang und Hang zu Beauty-OPs wird immer stärker. Man muss ja schließlich mithalten. Hier ein bisschen Botox und da eine neue Nase. Es gibt Fälle, bei denen ich absolut verstehen kann, wenn sich jemand unters Messer legt. Aber in der Regel finde ich das unnötig, da die meisten Menschen das nur tun, um Bestätigung von der Öffentlichkeit zu bekommen und/

oder weil man sich selbst, so wie man ist, nicht akzeptiert. Dabei möchte ich nicht alle über einen Kamm scheren, es gibt, wie gesagt, Ausnahmen. Aber Botox oder Hyaluron gehören definitiv nicht dazu. Sollte es jemand machen, nur für sich ganz allein (was das Hauptargument aller ist), weil etwa die Nase gravierend am Selbstwertgefühl nagt, finde ich es okay. Außerdem ist mir auch aufgefallen, dass sich viele Mädels die Haare färben, wenn sie jung sind, aber irgendwann, mit fortschreitendem Alter, zu ihrer Naturhaarfarbe zurückkehren. Warum? Na, weil es einem am besten steht, wir haben diese Farbe ja nicht umsonst von Natur aus. Ich finde, Natürlichkeit ist etwas Wunderschönes, und wenn ich jetzt im Sommer schon wieder die Mädels sehe, die bei 35 Grad drei Schichten Make-up auflegen, frage ich mich: Schwitzen die nicht?! Mir würde die ganze Suppe aus'm Gesicht triefen. Dann muss ich mir auch immer vorstellen, dass sich beim Schwitzen die Poren der Haut öffnen und die Haut sich damit kühlen will. Geht dann aber leider nicht, weil über jeder Pore fünf Kilo Make-up kleben. Bäh! Beim Fernsehen ist das normal, da wirst du allein schon abgepudert, um nicht zu glänzen. Aber sobald abgedreht ist, wasche ich mir den ganzen Rotz aus'm Gesicht. Ich persönlich trage nie Make-up, schminke lediglich meine Augen und wenn ich ganz frech bin, lege ich noch einen Gloss auf.

Aber wie schafft man es nun, sich selbst schön zu finden? Da gibt es zwei Möglichkeiten: Entweder man akzeptiert sich so, wie man ist, oder – falls nicht – muss man etwas dagegen tun. Und sich nicht nur am laufenden Band beschweren. Ich habe mich mit den 30 Kilo Übergewicht nicht wohlgefühlt, also habe ich abgenommen. Dennoch blieb mir, auch als ich dick war und mich unwohl fühlte, nichts anderes übrig, als mich anzunehmen. War ja so schnell nicht zu ändern. Sollte man sich bei einer Sache nicht wohlfühlen, die aber absolut nicht zu ändern ist, bleibt einem logischerweise nichts anderes übrig, als sich zu akzeptieren. Es sei denn, man unterzieht sich einer Operation. Meine Meinung ist: Man muss sich wohlfühlen, um selbstsicher und selbstbewusst zu werden, um ein gesundes Selbstwertgefühl zu entwickeln. Schaut euch Beth Ditto an, o Mann! Die ist richtig dick, hat ein kugelrundes Gesicht und betont das auch noch durch die Wahl ihrer Frisuren und Kleidung. Das kann sie nur, weil ihr anscheinend egal ist, was andere über sie denken und sagen. Weil sie selbst ein hohes Selbstwertgefühl hat und eine ordentliche Portion Selbstbewusstsein. Trotzdem glaube ich nicht, dass sie sich im Sommer bei 30 Grad wohlfühlt oder gar gesund lebt. Im Gegenteil.

Wir müssen es schaffen, uns von irgendwelchen Vorgaben der Medien oder Meinungen anderer Menschen zu lösen. Und stattdessen auf unseren Körper hören. Denn nur so bleiben wir authentisch – und schön.

DER UNTERSCHIED ZWISCHEN HUNGER UND APPETIT // ODER: WIE HALTE ICH MEIN GEWICHT, NACHDEM ICH ABGENOMMEN HABE?

Ich habe 30 Kilo abgenommen und bin bei meinem ursprünglichen Gewicht von 66 Kilo stehen geblieben. Aber nur weil ich mein Wunschgewicht erreicht habe, darf ich jetzt nicht wieder in alte Gewohnheiten verfallen. Ich würde lügen, wenn ich behaupte, ich achte nicht mehr auf mein Gewicht und kann nun wieder alles essen, was ich möchte. Nein. Bin ja, wie gesagt, von Geburt an ein Vielfraß. Trotzdem wundern sich die Leute in meinem Umfeld darüber, was ich esse oder trinke. Ich habe für mich herausgefunden, dass es bei der Phase des Gewichthaltens nicht darauf ankommt, was du wann in welcher Menge isst. Vielmehr kommt es darauf an, ob du gerade Hunger oder Appetit verspürst. Ich glaube, das ist ausschlaggebend für den berühmt-berüchtigten Jo-Jo-Effekt (22). Da ich von Natur aus gern esse, Essen definitiv zu meinen Hobbys gehört und für gute Laune sorgt, werde ich mein Leben lang darauf achten müssen. Dabei höre ich besonders auf die Bedürfnisse meines Körpers und versuche, dessen Anzeichen richtig zu deuten. Habe ich gerade Hunger? Knurrt mir der Magen? Läuft mir das Wasser im Mund zusammen, weil ich Heißhunger oder Appetit verspüre auf Schokolade, Chips oder irgendein anderes Knabberzeug? Wie schaffe ich es, die beiden voneinander zu unterscheiden und dabei auch noch willensstark zu bleiben? Appetit ist übrigens auch ein Arschloch. Manchmal weiß man gar nicht genau, wonach einem gelüstet, also probiert man einfach alles aus, was man zu Hause hat. Da aber Hunger eine körperliche Empfindung ist und Appetit meiner Meinung nach nicht, lässt sich dieser leichter zügeln. Bei einem Hungergefühl fällt es dem Menschen dagegen schwer, sich zurückzunehmen, auf die innere Stimme zu hören und sich kurz zu besinnen. Deshalb sollte man sich seiner selbst bewusst sein. Sich fragen: Habe ich Hunger? Fehlt es meinem Körper an etwas? Oder habe ich lediglich Appetit?

Die wichtigste Regel in der Phase des Gewichthaltens lautet: Ich esse, wonach mir beliebt, aber auch nur dann, wenn ich Hunger habe. Außer sonntags, da ist immer noch Schlemmertag. Hat sich mein Stoffwechsel irgendwie dran gewöhnt. Ich nehme aber auch nicht weiter ab. Das hat sich nach dem Gewichtsverlust bei mir so eingependelt und ich lebe sehr gut damit. Natürlich nasche ich auch gelegentlich, sonst würde ich ja sterben, aber alles eben nur in Maßen, nicht in Massen. Schwierig ist es, gegen sich selbst anzukämpfen, und wie ich bereits erwähnte, ist jede DIÄÄÄÄT oder Ernährungsumstellung vor allem eine Kopfsache. Du entscheidest über dich, du allein und niemand sonst. Schließlich stellt sich ja auch niemand für dich auf die Waage. Du musst dich frei machen von dem Gedanken, drei Mahlzeiten am Tag essen zu müssen. In der Abnehmphase isst du circa fünf Mahlzeiten am Tag, da du ja deinen Stoffwechsel erst mal auf Vordermann bringen musst. Aber wenn du dein Gewicht halten willst, kannst du dich völlig von diesem „Mahlzeitenschema" lösen. Entweder du bleibst bei den fünf Mahlzeiten, isst gesünder und etwas koh-

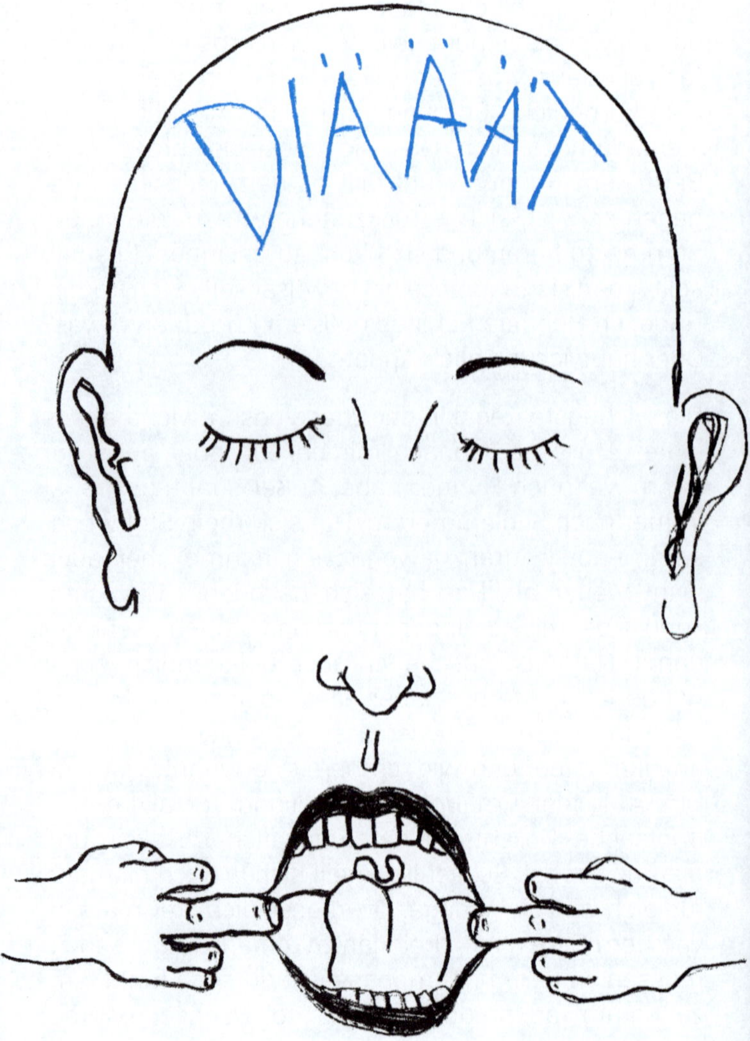
DIÄÄÄT

lenhydratärmer (low carb). Oder du machst es wie ich und isst, was du magst, aber auch nur dann, wenn du Hunger hast. Diese Ernährungsumstellung und Appetit-Ausschaltung können für immer sein, und du wirst dein Leben lang darauf achten müssen, damit du auch langfristig etwas davon hast. Aber keine Angst, irgendwann fällt einem das gar nicht mehr auf.

Vor Kurzem fragte mich ein Kumpel, wie ich das mache, weil ich nie darauf achte, ob es lieber eine Pizza oder ein Salat sein soll, wenn wir zusammen essen. Natürlich esse ich nun nicht mehr ganz so gesund und kalorienarm wie in der Abnehmphase, sonst würde ich ja immer schlanker werden. Ich esse gemäßigt und gebe meinem Körper alles, was er braucht, darauf achte ich. Aber ich habe mir abgewöhnt, zu essen, nur weil es gerade die Tageszeit vorgibt. Ihr kennt das sicher von zu Hause: Frühstück, Mittagessen, Abendbrot. Zwischendurch vielleicht ein Stück Kuchen bei Oma oder Tantchen. Dieses Mahlzeitenschema wird uns von klein auf beigebracht und mit auf den Weg gegeben. Ich durfte beispielsweise nicht aus dem Haus oder zur Schule gehen, wenn ich nichts gegessen hatte. Bis ich 18 war, durfte ich auch nur eine halbe Tasse Kaffee am Tag trinken. Wässrigen Kaffee, mit Milch und Zucker. Eigentlich war es eine Tasse Milch und Zucker mit Kaffee. Das ist kein Scherz. Meine Mutter ist ein sehr konsequenter und prinzipientreuer Mensch. Ich erhielt sogar mal drei Wochen Stubenarrest, weil der das Einzige war, was bei mir gezogen hat, und durfte dann sage und schreibe 21 Tage lang nicht die Wohnung verlassen. Echt. Man konnte mir alles wegnehmen: Fernseher, Radio, Gameboy, Nintendo. Oder das Taschengeld streichen. War mir alles egal. Aber bei der Androhung von Stubenarrest (oder wie man im Ruhrpott sagt: „Stummarest") habe ich pariert.

Sorry, zurück zum Thema. Ich kann mir vorstellen, dass das Gewicht eines Menschen damit zusammenhängt, dass man durch das Mahlzeitenschema (morgens, mittags, abends) verlernt hat, zu essen, wenn man Hunger hat. Dass dieses Hungergefühl nur durch Gewohnheit bestimmt wird. Babys schreien, weil sie Hunger haben und die Energie der Nahrung zum Wachstum brauchen – und bekommen dementsprechend das Fläschchen. Das ist meiner Meinung nach der Knackpunkt. Würden wir nur essen, wenn wir Hunger verspüren, würden alle Menschen, die sich nicht viel bewegen, weniger essen und vielleicht abnehmen (23). Und Menschen, die sich viel bewegen, würden mehr essen, da sie mehr Energie verbrauchen. So könnte jeder Mensch sein Gewicht halten.

Geht es ums Abnehmen, wird mit Ausreden nicht hinterm Berg gehalten. Die geilsten überhaupt höre ich von dicken Leuten, die dicke Kinder haben, die, wenn du sie darauf ansprichst, fast automatisch sagen: „Wie, der Kevin hat Übberjewicht? Guck mich domma an! Dat steckt inne Gene!" Wenn ich das schon höre. Dabei ist es einfach so, dass sich das übertriebene Essverhalten der Eltern auf das Kind überträgt – und der Kevin beim Fußball jetzt immer nur der Torwart ist. Das Kind kennt es ja nicht anders, deswegen darf man bloß niemals das Kind beschuldigen. Aber man könnte dem Kind im Sportunterricht definitiv eine schlechtere Note geben, weil es eben nicht sportlich ist. Und so vielleicht die Eltern dazu bringen, mal etwas zu ändern. So sieht's aus! Fettsein ist NICHT erblich. Fettsein ist auch nicht schlimm. Fettsein ist unbequem und ungesund und deshalb ist es traurig, dass es Eltern gibt, die – wenn auch oftmals unbewusst – ihre Kinder ins Fettsein treiben. Sie sehen sich doch selbst im Spiegel und wissen, verdammt noch mal, wie oft und wie viel sie schwitzen. Wie kann man Kindern gedankenlos so etwas Ungesundes antun? Das verstehe ich nicht und da lasse ich auch keine Ausreden mehr gelten, Ende!

Übergewicht hat verschiedene Faktoren: Ein kleiner Anteil ist die Vererbung, ein großer Anteil das Verhalten und der Lebensstil!

Wenn man wie ich dick wird und 30 Kilo zunimmt, hat man verlernt, auf seinen Körper zu hören, und gibt nur noch seinen Gelüsten nach. Und nur diese Gelüste gieren, nicht dein Magen. Häufig ist es auch so, dass man besonders dann Lust auf gesundes Essen und viel Wasser verspürt, wenn man gerade eine Krankheit überstanden hat. Wer krank ist, hat seltener Hunger. Wer aber immer gesund isst und viel Wasser trinkt, würde nicht so leicht krank werden. Dass Übergewicht ungesund ist, brauche ich euch nicht zu erklären. Und es ist ja auch allgemein bekannt, dass Menschen mit einer ungesunden Lebensweise häufiger krank sind. Viel häufiger. Man bekommt vielleicht Rücken- und/oder Gelenkschmerzen, hat zu hohen/niedrigen Blutdruck, meist auch einen schlechteren Stoffwechsel und Energiehaushalt als Menschen, die sich gesund ernähren und zudem auch noch viel bewegen. Einige Wissenschaftler gehen sogar davon aus, dass mehr als 70 Prozent aller Erkrankungen in den westlichen Industrieländern ernährungs- und lebensstilinduziert sind.

Die Ernährungsmedizin beschäftigt sich mit den Wirkungen gezielter Ernährung auf die Gesundheit. Und die Ernährung hat große Wirkung auch auf unser Immunsystem. (24)

Bei mir war das auch so! Ich litt ständig an Rückenschmerzen, die durch eine leichte Fehlstellung meiner Füße von Geburt an begünstigt werden, und hatte dazu noch 30 Kilo zu viel auf den Rippen, sodass ich den Schmerz manchmal gar nicht mehr aushielt. Die Ärzte verschrieben mir Physiotherapien, rieten mir aber komischerweise nicht dazu, abzunehmen! Warum nicht? Ich hätte bestimmt viel früher schmerzfrei sein können, so wie jetzt. Seitdem ich meine Ernährung umgestellt habe und viel mehr Obst und Gemüse esse, fühle ich mich gesünder, lebhafter und bin seltener krank als früher.

Deshalb bin ich dafür, zum Ursprung zurückzukehren und zu versuchen, nur dann zu essen, wenn man wirklich Hunger hat.

Angemessene Abstände zwischen den Mahlzeiten sind wichtig für eine erfolgreiche Gewichtsabnahme. Optimaler Zeitraum: 4 h! Zwischendurch-Mahlzeiten und Snacks behindern eine erfolgreiche Stoffwechselarbeit!

So halte ich bereits ein halbes Jahr mein Gewicht von 66 Kilo. Ihr könnt das auch machen, indem ihr zum Beispiel herauszufinden versucht, ob ihr mehr Appetit auf Süßes oder Salziges habt. Und dann überlegt einfach mal, in welcher Form ihr euch Süßes oder Salziges zuführen könnt, ohne gleich eine Pizza oder eine Tafel Schokolade zu essen – was um 22 Uhr abends vor der Glotze ganz schön reinhaut. Oder lauft eine Runde um den Block. Ich weiß, da hat man so gar keinen Bock drauf. Aber ich wette, wenn ihr das erst mal ausprobiert habt, verspürt ihr danach weniger Appetit. Oder esst statt der Pizza 'ne Scheibe Brot mit Margarine und ein wenig Salz, und anstelle der Schokolade trinkt ihr besser ein Glas Kakao.

Achtung! Brot und Fett gemeinsam – also Brot und Butter. Vorsicht ist auch geboten bei zu viel Salz in Käse und Wurst! (25)

Natürlich ist das nicht die optimale Lösung und wahrscheinlich werden einige Ernährungsberater an dieser Stelle den Kopf schütteln. Aber so ein starres Regelwerk wie bei diesen blöden Diäten aus Zeitschriften und Werbungen hält doch kein Schwein durch. Deshalb bin ich einfach ehrlich und erzähle euch, wie ich das gemacht habe. Und das hat ja immerhin auch funktioniert.

Ich hasse nichts mehr, als wenn es nur darum geht, ein Produkt zu verkaufen:

NEU! KAUFE DIESE PILLEN UND DU WIRST EIN TOPMODEL! WENN DU DAS NOCH HEUTE BESTELLST, BEKOMMST DU DEN ABSOLUTEN BAUCHTRAINER 25 PROZENT BILLIGER ALS SONST!

Würg! Wer hat denn Bock auf so was? Viele wollen nicht immer nur kaufen und Weight Watchers machen oder sich zum Zumba anmelden wie alle anderen, sie wollen sich überhaupt nirgendwo anmelden und Geld ausgeben. Sie wollen wissen, wie man dauerhaft und auf gesunde Art und Weise abnehmen kann, ohne dass es gleich zur Quälerei wird. Und das versuche ich weiterzugeben, nicht mehr und nicht weniger.

DER MAGERSUCHT-WAHNSINN

Muss mich gerade wieder mit komischen Kommentaren auf meiner Facebook-Seite rumschlagen. Hab ein Foto von mir in Sportklamotten vor dem Spiegel gepostet. Das Licht scheint leicht von hinten und ich habe eine äußerst gute Position gewählt, die fast jeden schlank aussehen lässt. Die Beine leicht angewinkelt, den Oberkörper sanft nach vorn übergebeugt und dann von oben fotografiert. Miauuu. Die meisten der Kommentare waren nicht schön: „Du bist zu dünn!", „Zahnstocherbeine" oder „Iss mal wieder was!". Danach habe ich dann ein Foto von meinem Bauch und meinen Beinen aus einer ungünstigen Position gemacht – und zack, wieder nur eine Frage der Perspektive.

Normalerweise würde ich mich nicht rechtfertigen, weil ich grundsätzlich zu allem stehe, niemandem eine Erklärung schuldig bin und jeder, der mich live sieht, weiß, dass ich nicht dürr bin. Dennoch: Magerwahn ist ein sensibles Thema und ich bin ganz strikt dagegen. Das Wort „Wahn" bedeutet ursprünglich so etwas wie Aberglaube oder trügerische Illusion.

Einem Wahn zu verfallen ist natürlich immer gefährlich. Justin-Bieber-Wahn, was ist bloß mit der Jugend los? BTN-Wahn, geht's noch? Kleiner Spaß. Tierschutz-Wahn oder Menschenrechts-Wahn, das wäre doch mal was. Je öfter ich das Wort Wahn sage oder schreibe, desto blöder hört es sich an, kennt ihr das? Rinderwaaaaaahhhhhhhn. Bringe mich schon wieder selbst grad raus hier. So. Doch warum verfällt man überhaupt einem Wahn? Sorry, das Wort nervt, ich ersetze es durch das Wort „Sucht". Denn für mich ist es nichts anderes. Wobei eine Sucht immer krankheitsbedingt ist und sich der Wahn zur Sucht entwickeln kann. Das ist ein schleichender Prozess, glaube ich, der manchmal schon mit Kleinigkeiten anfängt. Du nimmst dir vor, gesünder zu essen und ein bisschen mehr Sport zu treiben. Dabei werden Endorphine ausgeschüttet. Du fühlst dich besser, nimmst ein bisschen ab und bist noch motivierter. Vielleicht hast du dann noch ein Idealbild im Kopf, eine Art Idol oder Vorbild, etwa in Form eines Stars, an dem du alles toll findet. Du erhältst Komplimente, wie gut du doch aussiehst und wirst für deine Disziplin bewundert. Die Leute fragen dich, wie du das bloß gemacht hast, sagen dir aber auch, dass es bald reicht und du ja nicht zu viel abnehmen solltest. Aber alles noch im Rahmen. Dann ist es irgendwann vorbei mit den Komplimenten, du wirst dazu aufgefordert, wieder mehr zu essen, weil du schon viel zu dünn aussiehst.

Und ab hier kann ich nur mutmaßen, wie Magerwahn oder Magersucht entsteht. Habe mich mal länger mit einer Bekannten drüber unterhalten, die ihre Erfahrungen damit gemacht hat, und was sie mir schilderte, war echt krass. Sie sagte, dass es, wie ich schon annahm, ein schleichender Prozess sei. Meistens ausgelöst durch ein schwerwiegendes, einschneidendes oder plötzliches Ereignis im Leben. Aus einem Gefühl des Kontrollverlusts heraus entsteht eine unnormal große Hilflosigkeit, und der Wunsch nach Wiederherstellung dieser Kontrolle wird immer stärker. Meist unterbewusst sucht man sich Dinge oder Situationen, die man auf jeden Fall kontrollieren kann, um so ein größeres Gefühl an Beständigkeit und Sicherheit herzustellen. Dabei wird das Essen nicht nur von magersüchtigen, sondern auch von stark übergewichtigen Menschen gern als Mittel zur Kontrolle benutzt. Ich erfuhr von meiner Bekannten auch, dass man solche Krankheiten wie Magersucht, Putz- oder Waschzwang nicht vollständig heilen kann und dass es oft zu einer Suchtverlagerung in einen lebensungefährlichen Bereich kommt. Ist dann vielleicht Fettsucht auch nicht heilbar? Ich fragte, wie es ihr aufgefallen sei, dass sie unter Magersucht leidet, und sie erzählte mir, dass es einen Punkt gab, an dem es keinen Spaß mehr gemacht hat. Die Komplimente hörten auf (warum hört man dann im umgekehrten Fall nicht auf zu essen?) und sie nahm eine Art Stimme im Kopf wahr, die das schlechte Gewissen weitaus übertraf. Das entscheidende Erlebnis war aber wohl die Phase, in der sie dem Rat ihrer Liebsten nicht folgte und sich selbst beweisen wollte, dass sie NICHT krank sei, dass sie essen und zunehmen könne und definitiv NICHT magersüchtig sei. Das versuchte sie dann, bis sie kläglich versagte, weil sie gegen ihr schlechtes Gewissen nicht mehr ankam. Selbst ihr Spiegelbild nahm sie ganz anders wahr als Außenstehende. So war es ja bei mir auch, denn ich sah nicht, wie dick ich schon geworden war. Man hat eine völlig verzerrte Selbstwahrnehmung und schafft es nicht, von allein zu- beziehungsweise abzunehmen.

Ständig mangelnde Energie, permanente Müdigkeit, Schwindel und Frieren waren dann die letzten Tropfen, die das Fass zum Überlaufen brachten: Meine Bekannte ließ sich einweisen. Krass. Stellt euch mal vor, ihr seid so hilflos, dass ihr eure Familie bitten müsst, euch einzuweisen. Ich fragte, wie die Therapie denn verlaufen sei, und erhielt Aussagen wie: „Für den ersten Monat darfst du keinen Kontakt zur Außenwelt haben, nicht zu Freunden, nicht einmal zu deinen Eltern oder sonst irgendeinem Vertrauten." So wird man gezwungen, über sich selbst nachzudenken. (Da sollte man einige ganz lange reinstecken.) Es gab dort weder Radio noch Fernseher, man bekam sechs (!) Mahlzeiten am Tag und hatte keine Bewegung. Verweigerte man das Essen, wurde einem die Speisezufuhr über eine Magensonde angedroht, die natürlich niemand wollte. Klar ging es somit anfangs nur ums bloße Zunehmen, aber das Ziel war es, den Willen der Patienten zu brechen und dass diese selbst erkannten, krank zu sein. Am Anfang steht also die Erkenntnis, genau wie beim Abnehmen. Bevor man nicht weiß, dass man dick ist, braucht man auch nicht abzunehmen. Funktioniert ja dann nicht. Außerdem hörte ich noch, dass Magersüchtige oder ehemalige Magersüchtige keinesfalls mit Bulimie-Erkrankten verglichen werden wollen. In den Augen von Magersüchtigen sind Bulimie-Erkrankte nämlich undiszipliniert und inkonsequent, da sie sich erst mit Essen vollstopfen, um es danach wieder auszuwürgen. Bulimie hat ganz sicher mit Kontrollverlust zu tun, führt aber in den meisten Fällen nicht zu Gewichtsverlust. Bulimie ist somit ein doppeltes Arschloch.

Schaue mir gerade einen Werbespot an. Darin werden Hausmittel wie gepresster Zitronen-oder Zwiebelsaft und Ingwer als etwas Schlechtes dargestellt. Das erkennt man sofort an der Darstellung. Die beworbenen Tabletten werden farblich in den Vordergrund gestellt, während die Hausmittel nur grau im Hintergrund aufgeführt werden. Sagt mal, hackt es?! Jetzt fängt die Pharmaindustrie auch noch an, unsere altbewährten Heilmittel schlecht zu machen, nur weil der Trend weg von den Tabletten geht? Ich glaub, ich spinne. Der Mensch ist schließlich schlau genug, um leichte

Krankheiten selbst zu heilen. Dafür braucht man keine Tabletten. Und deshalb sollte man auch nicht darauf zurückgreifen, wenn man nur eine Erkältung hat.

Diät-Pillen zum Beispiel bewirken nur einen Bruchteil von dem, was sie versprechen, und das auch nur für den Zeitraum, in dem man sie schluckt. Ihr tut eurem Körper damit überhaupt nichts Gutes, im Gegenteil. Wenn ich merke, ich werde krank oder bekomme eine Erkältung, nehme ich rein gar nichts ein, sondern esse viel Ingwer und Knoblauch. Das stärkt das Immunsystem und desinfiziert den Körper von innen. Übermäßig viel essen ist natürlich nicht gut, wenn man krank ist. Aber meistens hat man ja eh keinen Hunger, denn der Körper widmet sich der Bekämpfung der Krankheit und will sich nicht auch noch zusätzlich mit Verdauung beschäftigen. Viel zu trinken hingegen ist immer gut.

Allgemein gilt: Achtet man auf eine ausgewogene Ernährung und genügend Bewegung, verringert sich die Wahrscheinlichkeit, krank zu werden.

DAS SAGT DIE EXPERTIN DR. MED. ANNE FLECK ZUM THEMA ABNEHMEN

1 Wer erfolgreich abnehmen will, der ist gut beraten, sich nicht allein auf Kalorien oder Diätrezepte zu konzentrieren – im Gegenteil! Oft sind es die (un)bewussten Gefühle, die in eine (Fr)-Essattacke münden! Vor allem unkontrolliertes Essen führt zur Gewichtszunahme. Daher lohnt sich immer der ehrliche Blick hinter die eigene Kulisse! Diäten gibt es viele, aber nur eine echte Ernährungsumstellung, die auch das Essverhalten und die Motive zum Essen analysiert, wird langfristig von Erfolg gekrönt sein!

2 Die positive Einstellung zur Ernährung ist wichtig – sogar überlebenswichtig. Die entscheidenden Fragen sind: Was esse ich? Wie viel esse ich? Was bedeutet mir Essen? Ist es wirklich Genuss oder ein gelangweiltes „Hineinstopfen" von verfügbaren Nahrungsmitteln? Wichtig für jeden, der abnehmen und langfristig normalgewichtig sein will: Der Genuss darf nicht zu kurz kommen! Genuss und die sorgsame Auswahl der Nahrungsmittel sind bedeutsame Faktoren für das erfolgreiche Abnehmen.

3 (Un)bewusste Gefühle als „Appetitzünder“ sind eine gefährliche Falle und hemmen das Abnehmen! Was aber tun?

Besonderer Tipp: Ein kleines Buch/Heft kaufen und Tagebuch führen! Ganz konkret ein Ernährungstagebuch (tabellarisch Uhrzeit, Menge der Lebensmittel und Getränke auflisten – in Mengenangaben so genau wie möglich). Zusätzlich sollte unbedingt das Gefühl während des Essens notiert werden (fühlt man Hunger, Einsamkeit, Langeweile, Angst, Wut?) und der Ort, an dem man sich gerade aufhält (im Job, beim Pauken, auf dem Sofa, bei Freunden, vor dem Fernseher, auf einer Familienfeier etc.). Dieses Ernährungstagebuch hat einen ganz entscheidenden Nutzen: Während des Aufschreibens werden Dinge bewusster. Wer kann sich z. B. daran erinnern, wie viele Gummibärchen er „zwischendurch“ tagsüber gegessen hat? Es gibt viele Menschen, denen es allein durch ein konsequentes Ernährungstagebuch gelungen ist, ein falsches Essverhalten nachhaltig positiv zu beeinflussen.

4 Ein junger Körper kann einige Ausrutscher in der Ernährung aushalten und verzeihen. Bei stetig wachsendem Gewicht wächst jedoch das Risiko, die mit Übergewicht und Bewegungsarmut verbundenen Erkrankungen persönlich kennenzulernen und am eigenen Leib zu erfahren:

+ Bluthochdruck

+ Diabetes mellitus (Blutzucker)

+ Störungen des Fettstoffwechsels

+ Herzkreislauferkrankungen, Herzinfarkt, Schlaganfall, Gefäßverkalkung

+ Fettleber als „Menschenstopfleber" + Gelenkverschleiß, Wirbelsäulenleiden

+ Risiko für Krebserkrankungen

+ Risiko für psychische Erkrankungen (z. B. Depression)

Fazit: Es lohnt, sich mit dem Thema „bewusste Abnehmen" zu beschäftigen!

5 Statt sich mit Süßigkeiten innerlich zu belohnen, zu beruhigen und glücklich zu fühlen, sollte man sich Schritt für Schritt neue, gesunde Belohnungssysteme ausdenken: Wenn man der süßen Sucht einige Male widersteht, ist z. B. ein Kinobesuch fällig.

An dieser Stelle ein Beispiel aus der Praxis: Eine Patientin war süchtig nach „Schokoriegeln". Sie konnte an keinem ihrer Lieblingsriegel vorbeigehen, ohne ihn zu kaufen und auf der Stelle zu verzehren. Ich riet ihr, sich jeden Schokoriegel zu notieren, an dem sie im Laufe eines Tages bewusst vorbeigegangen war – ohne in die Versuchung zu kommen. Sie sollte sich das Geld, das sie dadurch nicht ausgegeben hatte, ebenfalls notieren und in ein hübsches Sparschwein stecken! Nicht nur die nette Summe, die sie an jedem Monatsende zusammengespart hatte, gab ihr ein neues, besonderes „Glücksgefühl", vielmehr war sie im Laufe der Wochen so stolz auf sich und ihren erfolgreichen Verzichtsrekord, dass sie ihn auf keinen Fall brechen wollte!

Die Patientin genießt inzwischen wieder gelegentlich ihre Lieblingsschokoladen, aber die „Schokosucht" hat sie erfolgreich überwunden; sie freut sich an ihrem Idealgewicht.

6 Leider hat der Magen keine Kalorienzähler oder Stoppschilder am Mageneingang, welche verhindern, dass die „Tankfüllung" zu groß wird. Je mehr der Magen mit Essen gefüllt wird, umso mehr dehnt er sich aus. Fatale Konsequenz: Der nun vergrößerte „Tank" verlangt mehr Essen, um gesättigt zu werden.

Das Geheimnis des Abnehmens liegt in der Auswahl und Menge der Lebensmittel, d. h., optimal sind Lebensmittel mit viel Volumen und wenig Energiedichte. Milchprodukte aus dem Kühlregal, wie sie Saskia gerne gegessen hat, haben wenig Volumen, aber viel Energie (in Form von Zucker und Fett). Man führt auf diese Art und Weise enorm viel Kalorien zu. Die bessere Variante für eine Magenfüllung sieht stattdessen folgendermaßen aus: viel Volumen und wenig Energie, wie z. B.: ein großer Salat mit Putenbruststreifen. Wer den Magen mit Tomaten und Gurken, also sehr wasserhaltigem und voluminösem Gemüse füllt, der kann sich satt essen – ohne Gewichtszunahme!

7 Eine kleine Brise „guten Willens" reicht! Die Willenskraft nicht in eine Radikaldiät, sondern in die langfristig sinnvolle und bewusste Ernährung investieren – diese Strategie bringt auf lange Sicht den Erfolg und ebnet den Weg zum Abnehmen!

8 Wer ein Sportmuffel ist, sollte sich wieder an „normaler Bewegung freuen lernen"! Die Bewegung im Alltag entdecken, das ist ein entscheidender Faktor für das Zurückgewinnen von Selbstvertrauen in den eigenen Körper!

Konkreter Tipp: Schrittzähler einsetzen! Ein realistisches Tagesziel sind 10 000 Schritte. Die Treppe nehmen statt den Aufzug, ein oder zwei Stationen eher aus der U-Bahn aussteigen und zu Fuß nach Hause gehen, Kniebeugen beim Zähneputzen, mit Freunden oder alleine zu Hause tanzen ... Der eigenen Kreativität sind keine Grenzen gesetzt, jede Idee ist willkommen, jede Idee, die bewegt, ist gut!

Beim Gewichtverlieren geht es immer um Energie, nämlich die Differenz zwischen Energieaufnahme und dem Energieverbrauch, die sogenannte Energiebilanz. Wir nehmen an Körperfett zu, wenn die Energiebilanz positiv ist (= mehr essen als verbrauchen) und verlieren Körperfett, wenn die Energiebilanz negativ ist (= mehr verbrauchen als essen). Je größer die negative Energiebilanz ist, desto schneller gelingt das Abnehmen.

Für den „Normalfall" gilt: Um ca. 1 kg Gewicht zu verlieren, muss man eine negative Energiebilanz von ca. 7500 kcal erreichen. Wer täglich 500 kcal mehr verbraucht, als er isst, wird also etwa 15 Tage brauchen, um 1 kg Körpergewicht zu verlieren. Der Gewichtsverlust besteht dabei aus dem Abbau von Körperfett und dem Verlust des an die Fettzellen gebundenen Wassers.

Die gute Nachricht: Bewegung strafft die Figur, kurbelt den Stoffwechsel an. Aber 20 Minuten Joggen verbrennen nur den Energiegehalt eines Schokoriegels, und um ein Glas Apfelsaft kalorienneutral zu trinken, sollte man mindestens 15 Minuten „stramm walken". Fazit: Mit Bewegung kann man abnehmen, aber nur dann, wenn man gleichzeitig die Energiebilanz berücksichtigt und die Energiezufuhr drosselt!

9 Alkohol macht dick? Das ist die Realität! Wer nicht gänzlich auf den Genuss von Alkohol verzichten will – gegen einen maßvollen, seltenen Alkoholkonsum ist auch aus gesundheitlicher Sicht nichts einzuwenden, d. h. 1–2 Gläser Rotwein (0.2 ml) pro Woche –, der sollte jedoch bewusst und immer in Maßen konsumieren! Alkohol ist „kein Getränk", sondern eher ein „Nahrungsmittel". Der Blick auf die Kalorienwerte von Bier, Wein, Sekt, Likör entlarvt den Alkohol als Dickmacher. Ein Gramm reiner Alkohol enthält 7 kcal. Das sind fast doppelt so viele Kalorien, wie in einem Gramm Zucker stecken (4 kcal) und fast genauso viel, wie ein Gramm Fett enthält (ca. 9 kcal). Die Menge von 20 Gramm Alkohol stecken z. B. in 500 ml Bier oder 250 ml Wein. Da kommt schnell eine ganze „Mahlzeit" zusammen. Außerdem hemmt Alkohol den Fettabbau im Körper, und der Appetit wird gesteigert. Weniger ist mehr! Seltener Alkohol und weniger Alkohol ist die Devise!

10 Es klingt wie ein Paradoxon – aber Crash-Diäten machen dick! Das schnelle Verlieren von Pfunden klingt sehr verlockend, birgt aber das Risiko des Jo-Jo-Effektes. Strenge Diäten (theoretisch kann man auch mit 1–2 Schokoriegeln pro Tag abnehmen, da die Energiebilanz negativ ist) sind weder gesund, noch sichern sie einen nachhaltigen Abnehmerfolg. Gute Nachricht: Man kann den Jo-Jo-Effekt verhindern – indem man sich gegen einseitige Diäten und Ernährungsformen entscheidet und einen langfristig orientierten Weg der „bewussten Ernährungsumstellung" wählt! Dieser Weg ist unbestritten der schwierigere Weg – aber der Weg, der zum Ziel führt!

11 Wasser – die Quelle zum Abnehmerfolg! Die größte Hilfe beim Abnehmen ist das regelmäßige Trinken von Wasser. Als empfohlene Trinkmenge für einen gesunden Menschen gilt dabei 2–3 l pro Tag; erheblich mehr zu trinken ist nicht ratsam, da dabei Mineralstoffe, Spurenelemente wieder aus dem Körper ausgeschwemmt werden.

Merke: 500 ml Wasser als Getränk kurbeln den Kalorienverbrauch um 50 kcal an!

Wasser sollte man grundsätzlich nie zu kalt oder zu heiß trinken, beides ist nicht förderlich für die Gesundheit.

Extratipp: Ein großes Glas lauwarmes Wasser vor dem Essen sättigt enorm und stillt den Hunger über längere Zeit. Man kann auch eine Scheibe Ingwer einlegen und ca. 10 Minuten ziehen lassen, das kommt dem Immunsystem und dem Abnehmwunsch zugute.

Vorsicht bei Light-Produkten! Light-Produkte verheißen „vollen Geschmack, keine Kalorien"! Demnach ideal zum Abnehmen? Untersuchungen jüngeren Datums demonstrieren das Gegenteil: Studienteilnehmer, die Light-Limonaden tranken, nahmen insgesamt sogar mehr Kalorien pro Tag zu sich als eine Vergleichsgruppe, die das Originalgetränk mit normalem Zucker trank. Man vermutet, dass die Süßstoffe die Kontrolle des Appetitzentrums stören und dass Light-Getränke-Konsumenten glauben, sie können mehr essen, weil sie kalorienarm trinken. Insgesamt muss man den Konsum von Light-Produkten als problematisch werten, da künstlich gesüßte Getränke und Produkte eine langfristige, erfolgreiche Ernährungsumstellung erschweren können.

12 Die Woche hat sieben Tage, also kann man einen Schlemmertag pro Woche einführen, vorausgesetzt, man ernährt sich an den restlichen Tagen ausgewogen, maßvoll und bewusst. An diesem Schlemmertag sind Dinge erlaubt, die sonst auf der Wie-werde-ich-sicher-zunehmen-Liste stehen! Man kann aber anstelle eines Schlemmertages z. B. auch jeden zweiten Tag eine kleine Handvoll, also nur eine sehr geringe Menge an Süßigkeiten etc. essen, dieses Vorgehen bedarf aber einer großen Disziplin.

13 Die gute Nachricht: Man kann optimal frühstücken und dabei gesund abnehmen. Empfohlen ist ein Start in den Tag mit Eiweiß, Kohlenhydraten in Form von Obst statt Brot und eine geringe Menge an qualitativ gutem Öl! Denn gute Fette machen schlank und satt!

Grundsätzlich gilt: Ein großes Glas (ca. 200 ml) lauwarmes Wasser ca. 10 Minuten vor **jeder** Mahlzeit eingenommen, ist ideal, um den Hunger zu dämpfen, und sollte als Ritual eingeführt werden!

Bei Saskias Frühstück gibt es einigen Korrekturbedarf, aber fangen wir beim Kaffee an! Kaffee ist im Gegensatz zur lange verbreiteten Behauptung kein Flüssigkeitsräuber und kann maßvoll getrunken werden, bis zu 3–4 Tassen normaler Stärke sind gesundheitlich unbedenklich. Optimal ist der komplette Verzicht auf Zucker und Süßstoffe jeglicher Art. Wer trotzdem etwas Zucker braucht, sollte die Menge des zugegebenen Zuckers schrittweise immer weiter reduzieren, denn auf diese Weise entwöhnt man den Geschmacksnerv vom „Süßhunger".

Von Light-Produkten zum Süßen oder in Marmeladen, Joghurt etc. wird abgeraten!

Fruchtsaft? Gesund? Vorsicht Falle! Doch zuerst stellt sich die Frage, woher kommt der Fruchtsaft? Saft wird aus den Früchten von Pflanzen hergestellt, indem er herausgepresst oder extrahiert wird. Abzugrenzen ist der Fruchtsaft von Fruchtnektar und sogenannten Fruchtsaftgetränken, diese werden verdünnt und beinhalten nur wenige Mengen des eigentlichen Fruchtsafts. Gemäß der Fruchtsaft-Verordnung dürfen Fruchtsäfte und Gemüsesäfte nur dann als solche deklariert werden, wenn sie auch zu 100 Prozent aus Fruchtsaft oder Fruchtfleisch bestehen. Frisch gepresster Saft ist dabei grundsätzlich gesünder als industriell verarbeiteter.

Nun wird es interessant: Fruchtsaft steht für Vitamine, Mineralstoffe und damit für „Gesundheit". Man muss sich allerdings bewusst machen, welche Nährwerte und welche Energie in dem vermeintlich gesunden Getränk verborgen sind. Fruchtsaft enthält wie Obst kaum Fett. Daher glauben viele Verbraucher, Fruchtsafttrinken habe keine Folgen auf die Gewichtszunahme wie beispielsweise zuckerhaltige Cola oder Limonade. Das ist ein Irrglaube! Obst, und damit auch Fruchtsaft, enthält in unterschiedlicher Menge eine große Menge Zucker, den Fruchtzucker. Ein Apfelsaft oder ein Orangensaft enthält viele gute Inhaltsstoffe wie Vitamin C und Ballaststoffe, wenn man jedoch auf die Energiedichte achtet, enthält er genauso viele Kalorien wie eine zuckerhaltige Limonade und ist damit eine Kalorienfalle! 1 Glas Orangensaft (200 ml) enthält ca. 90–100 kcal. Die schlechte Nachricht: Der im Fruchtsaft gelöste Zucker sättigt nicht lange, sondern befeuert den Appetit. Demnach wird man nach dem kalorienreichen Saft nach mehr Essen verlangen, um sich satt zu „fühlen".

Aus ernährungsmedizinischer Sicht empfiehlt es sich daher, Fruchtsäfte nur in ganz geringen Mengen zu genießen. Fruchtsäfte können auch als Schorle getrunken werden. Um von den Nährstoffen zu profitieren, empfiehlt sich ein Mischungsverhältnis von 1 (Saft) : 4 (Wasser). Der beste Durstlöscher bleibt aber das Wasser, alternativ kann man auch zu Gemüsesäften greifen, vorausgesetzt, man findet daran Geschmack. Gemüsesaft enthält deutlich weniger Kohlenhydrate und damit fast nur halb so viele Kalorien wie Fruchtsaft!

Frühstücksbrötchen?! Vorsicht! Morgens Brötchen, mittags Stulle, abends Abendbrot. Brot ist reich an Kohlenhydraten, diese führen in Übermaßen verzehrt zur Gewichtszunahme! Brot bleibt Brot! Weniger ist mehr!

Kritisch wird es, wenn man zu den Kohlenhydraten Fette gibt, z. B. wie in Saskias Frühstück: Brötchen mit Käse, Wurst, Nutella! Kohlenhydrate und Fett ist die dramatische Kombination, die zur Gewichtszunahme führt. Die optimale Frühstückskombination enthält Eiweiß und maßvoll Kohlenhydrate in Form von Obst und hochwertigem Öl! Denn Eiweiß ist dein Freund beim Abnehmen, und gute Öle sättigen und fördern die Gewichtsabnahme.

14 Wie sollte das Mittagessen gestaltet werden? Mittags ist eine „ausgewogene Mischkost" ernährungsmedizinisch sinnvoll, d. h. viel Gemüse (roh, aber auch gedünstet, gegart, denn manche Gemüsesorten sind gegart und erhitzt besser verdaulich und sogar gesünder, z. B. Tomate). Zu einer ausgewogenen Mischkost zählen maßvoll Kohlenhydrate (Kartoffeln, Nudeln, Reis – am besten Vollkornnudeln und Naturreis), d. h. „zwei Hände voll" genügen, sowie gutes Eiweiß, z. B. Fisch, Omelette, Fleisch. Im Ofen garen statt heiß anbraten mit schlechten Ölen oder Ölen, die nicht zum

Anbraten geeignet sind (Olivenöl!), ist deutlich gesünder! Denn werden Öle zu heiß erhitzt, verlieren sie ihren positiven Effekt auf die Gesundheit! Dies ist ein Fehler, der leider im Alltag oft nicht ausreichend Berücksichtigung findet.

15 Ein Verzicht auf Kohlenhydrate oder deren deutliche Einschränkung beim Abendessen ist eine hilfreiche Abnehmstrategie, die in vielen Fällen sehr gut funktioniert. Wer zu sehr schlechtem Schlaf neigt, dem empfiehlt sich, eine ganz kleine Menge an Kohlenhydraten hinzuzufügen, z. B. eine Kartoffel oder eine kleine Handvoll Vollkornnudeln bzw. ein kleines Stück Vollkornbrot, da dies dem Schlaf sehr förderlich ist. Merke: Obst gehört zu den Kohlenhydraten! Das heißt, wer zwar auf Nudeln, Reis und Brot am Abend verzichtet und stattdessen Obstsalate mit reichlich zuckerhaltigem Obst (z. B. Weintrauben, Bananen oder Ananas) verzehrt, bewirkt kein Abnehmen, sondern genau das Gegenteil!

16 Der Prozess des Abnehmens sollte immer langsam sein! Ein realistisches Ziel zur Gewichtsreduktion sind 5–7 kg pro Jahr und das Halten dieses Gewichts! Saskias Weg zum Wunschgewicht hat gute Ansätze, dem Eigenurteil („die gesündeste Form des Abnehmens") wird sie wegen des „brötchenlastigen Frühstücks mit Fruchtsaft" nicht ganz gerecht. Vor allem in diesem Punkt ist „Saskias Weg" stark verbesserungswürdig! Absolut richtig in Saskias Ansatz ist das Einschränken der Kohlenhydrate, die Entscheidung zur individuellen und langsamen Gewichtsreduktion sowie der Wille, den eigenen Weg zu finden und diesen konsequent zu gehen!

17 Absolut richtig! Obst mit niedrigem Zuckergehalt ist

zum Abnehmen besser geeignet! Dazu zählen Beeren jeglicher Art. Die Avocado ist vom Kaloriengehalt gesehen eher ein „Mammut", auch wegen des hohen Fettgehaltes. Aber die Avocado hat das bestmögliche Verhältnis von guten Fetten und demonstriert, dass gute Fette „sättigen" und das Abnehmen fördern!

18 Ein „gutes" Frühstück ist in der Tat die wichtigste Mahlzeit des Tages! Kohlenhydrate, am besten in Form von Obst, werden am Morgen gut verstoffwechselt und geben in Kombination mit Eiweiß den Energiekick. Optimal ist eine Kombination mit qualitativ hochwertig hergestellten und damit wertvollen Ölen. Das ist das wichtigste Geheimnis zum „gesunden Abnehmen"! Gute Fette sind enorm wichtig für den Körper! Fett? Das macht doch fett? Nein! „Gute Fette" in Kombination mit Eiweiß machen schlank und sättigen! Um gesund zu bleiben, braucht der Körper sogar täglich die richtige Dosis an „gutem Fett", den sogenannten Omega-Fettsäuren! Nicht das „schlechte Fett" in Chips und Fertigprodukten, sondern das Fett von Pflanzenölen, die absolut schonend hergestellt werden! Es gibt wenige Hersteller weltweit, die Öle so „omega-safe" herstellen, dass sie ohne Licht, Sauerstoff und Hitze gepresst werden, dies ist aber Voraussetzung für ein „gesundes Öl" und sollte unbedingt beachtet werden! Die Ernährungsempfehlungen, streng fettarm zu essen, sind wissenschaftlich aktuell widerlegt! Die gesunde Dosis Fett und Eiweiss sind die Formel für gesundes Schlanksein!

19 Smoothie ist nicht gleich Smoothie! Ein Smoothie, der ausschließlich aus Obst hergestellt wird, enthält viel Zucker und ist zum Abnehmen nicht geeignet. Optimal, auch wegen zahlreicher gesundheitsfördernder Aspekte, ist der sogenannte Grüne Smoothie!

Grüne Smoothies bestehen zur Hälfte aus frischen Früchten und zur Hälfte aus grünen Blättern, wie Spinat oder grüne Blattsalate, Petersilie, Basilikum. Auch die grünen Blätter von Wurzelgemüsen wie Kohlrabi oder Karotten sind eine optimale Zutat für die grünen Smoothies! Gerade in diesen Blättern stecken ebenso wertvolle Inhaltsstoffe wie in den Knollen selbst. Alle Zutaten werden hierzu in einen hochwertigen Mixer gefüllt, der die Blätter zerteilt und unter Zugabe von Wasser ein sämiges, weiches Getränk, eben einen Smoothie, herstellt. Das Besondere am grünen Smoothie ist die Fülle an Mikronährstoffen, Vitalstoffen und Ballaststoffen! Aus ernährungsmedizinischer Sicht ist ein grüner Smoothie täglich ein gesunder Genuss, der auch beim Abnehmen hilft: Süßhunger wird gedämpft, Sättigungsgefühl stellt sich rasch ein.

20 Das Gefühl „es ist alles möglich, ich kann mir alles gönnen" hilft ggf. beim langfristigen Ziel, die Ernährung umzustellen. Ernährungsmedizinisch ist es allerdings nicht empfehlenswert, an diesem besagten Schlemmertag „alles Verfügbare an Essen wahllos in sich hineinzustopfen"! Vielmehr sollte nach und nach eine gesunde Form des Genusses Einzug in den Alltag finden.

21 Vor allem eine Ernährung mit vielen Kohlenhydraten in Kombination mit Fetten (also Brot mit Käse, Wurst, Butter, Margarine etc., Nudeln mit Käse etc.) kann über Jahre zu einer sogenannten Fettleber führen, selbst bei schlanken Menschen. Diese Fettleber stellt ein großes gesundheitliches Problem dar, da sie langfristig auch Bluthochdruck und Zuckerkrankheit begünstigt!

22 Der Jo-Jo-Effekt kommt nicht durch „normales Essen“ zustande, sondern durch eine vorhergehende, zu schnell durchgeführte Diät. Durch Diäten wird der Grundumsatz des Körpers vermindert, der Körper versetzt sich in Hungersnot. Dieser Grundumsatz bleibt auch nach der Diät über einen längeren Zeitraum stark erniedrigt. Deshalb nimmt man nach der Diätphase selbst bei geringer Nahrungszufuhr oft über das Ausgangsgewicht zu. Dieser zu recht gefürchtete Jo-Jo-Effekt steigert sich dabei von Diät zu Diät und sollte dringend vermieden werden!

23 Eine gewisse Regelmäßigkeit der Mahlzeiten ist wichtig, damit der Körper weiß, dass er Nahrung bekommt und nicht in den Energiesparmodus verfällt, den Grundumsatz senkt und dadurch den Jo-Jo-Effekt begünstigt. Wer sich für fünf Mahlzeiten am Tag entscheidet, muss sorgsam auf die Menge der Speisen achten; denn wer statt fünf kleinen Mahlzeiten fünf normale bis große Mahlzeiten verzehrt und damit mehr Energie zuführt als Energie verbraucht – der nimmt zu! Einfacher ist daher für Abnehmwillige ein Drei-Mahlzeiten-Tag mit ausreichend langen Pausen zwischen dem Essen, damit der Körper während dieser Mahlzeitenpause optimal in die Fettverbrennung gelangt.

Man sollte zwar in angemessenen Abständen (ca. alle vier Stunden) regelmäßig essen, auch um den Stoffwechsel aktiviert zu halten, aber nicht aus Routine oder Langeweile! Bei Einladungen in den Hungerstreik zu verfallen, schafft vermutlich wenig Freunde, aber man kann die Essensmenge, die man sich tatsächlich zuführt, frei wählen. Das Zwischendurch-Essen-und-Naschen, also Essen ohne angemessene Pausen, ist ein echter Dickmacher und sollte vermieden werden. Ganz wichtig: Auf die eigene, gesunde Balance kommt es an, und diese gilt es immer individuell herauszufinden!

24 Die Effekte von Nahrungsmitteln auf das Immunsystem sind Gegenstand zahlreicher Untersuchungen mit teilweise umstrittenen Ergebnissen: Beispielsweise gelten Tomaten als immunfördernd. Eine Rolle könnte Lycopin spielen, eine Substanz, die in Tomaten, vor allem in warmen Tomaten, in hohen Konzentrationen enthalten ist. Lycopin wirkt als Radikalenfänger, d. h., Stoffe, die zellschädigende Wirkungen haben, werden neutralisiert. Von erheblicher Bedeutung für das Immunsystem scheint vor allem die Zufuhr von guten Fetten, z. B. Omega-3-Fettsäuren, zu sein. Diese wichtigen Fette sind geeignet, Allergien und Autoimmunkrankheiten, wie etwa entzündlich-rheumatische Erkrankungen, vorzubeugen und diese zu lindern. Fette Fische wie Lachs und Thunfisch enthalten hohe Mengen an Omega-3-Fettsäuren und gehören daher auch auf den Speiseplan.

25 Margarine oder Butter? Großer Irrtum in Sachen Abnehmen: Margarine ist kein Schlankmacher und nur unwesentlich kalorienärmer. Zum Vergleich: 100 Gramm Butter enthalten etwa 741 Kilokalorien, 100 Gramm Margarine im Durchschnitt 709 Kilokalorien.

Butter und Margarine haben beide sehr viele Kalorien. Darum sollte der Verbrauch grundsätzlich in Maßen bleiben – der Gesundheit und der Figur zuliebe. Nicht mehr als zehn Prozent der Gesamtenergie sollte ein gesunder Mensch in Form von gesättigten Fettsäuren aufnehmen. Vor allem sollte man auch andere tierische Fette reduzieren, z. B. fettige Wurstwaren. Butter hat den entscheidenden Vorteil, dass sie aus rein natürlichen Stoffen hergestellt wird.

Fazit: Eher wenig Butter (da natürliches Produkt) als Margarine (industriell verarbeitetes Produkt)! Grundsätzlich gesünder ist es, auf diese Streichfette zu verzichten und stattdessen mehr gute Pflanzenöle zu verwenden (z. B. gutes Olivenöl, Walnussöl oder Frischkäse als „Streichfett"!).

Die Autorin: Dr. med. Anne Fleck, Fachärztin für innere Medizin und Rheumatologie, Tätigkeitsschwerpunkt: Ernährungsmedizin

Nach dem Studium in Deutschland, Italien und Frankreich war Frau Dr. Fleck in ihren Lehrjahren in den Bereichen der allgemeinen inneren Medizin, Kardiologie, Stoffwechselerkrankungen, Gastroenterologie, Notfallmedizin und Rheumatologie tätig. Sie leitete über Jahre erfolgreich ein Zentrum für Präventiv- bzw. Adipositasmedizin. Wichtigster Fokus ihrer Arbeit ist die innovative Ernährungsmedizin. Zudem ist sie engagiert in der Burn-out-Prävention und hat mit ihrem Therapiekonzept zur Gewichtsreduktion nachhaltigen Erfolg.

Die Kommentierungen in diesem Buch wurden von Frau Dr. Fleck ausschließlich in Bezug auf ernährungsmedizinische Fragen vorgenommen. Es wird ausdrücklich an dieser Stelle festgehalten, dass keine Stellungnahme zu den weiteren Inhalten dieses Buches, insbesondere moralischen, sozialen und gesellschaftspolitischen Themen erfolgt.

docfleck.com, Facebook: Doc Fleck

MEIN OUTING // SO WAR'S

Bist du schwul oder was? Homosexualität ist nicht der Rede wert, lediglich der Aufklärung. Mein ganz persönliches Outing, was ich über Homophobie denke und warum ich unserer lieben Mutti Merkel manchmal in den Hintern treten könnte.

DU PAPA, ICH BIN SCHWUL.

Ohrwurm: Talk Talk, „Such A Shame"

In Russland sind laut einer Umfrage 70 Prozent der Bevölkerung dafür, dass homosexuelle Menschen nicht so leben dürfen, wie sie wollen. „Nur jeder vierte Schwule wagt sein Coming-out!", war in der „Süddeutschen" zu lesen. Ich glaube, dass die Angst vor dem Jobverlust und dem sozialen Abstieg dabei eine zentrale Rolle spielt. Klar, in Russland wird sich so schnell niemand mehr outen, da er nicht auf offener Straße verprügelt werden will. **HALLO, EUROPAAAA!! IN RUSSLAND WERDEN MENSCHEN ZUSAMMENGESCHLAGEN, NUR WEIL SIE SCHWUL ODER LESBISCH SIND!!** Ja, wissen tut ihr's alle, aber eingreifen tut niemand von euch! Wisst ihr eigentlich, wie weh das tut, das mitansehen zu müssen?!

So, liebe Lesben und Schwule, aufgepasst! Jetzt kommt etwas, was mir sehr am Herzen liegt: die sexuelle Identitätsfindung. Und du, Russland, kannst ja vielleicht noch was lernen.

Grundsätzlich ist es immer blöd, nicht zu wissen, was man will. In jederlei Hinsicht. Aber gerade bei pubertierenden Jugendlichen ist die sexuelle Orientierung häufig ein Problem. Sie fragen sich: Was will ich überhaupt? Bin ich anders als die anderen? Viele sind erst mal ganz schön verwirrt, sobald sie merken, dass sie nicht wie ihre Freunde auf das andere Geschlecht stehen. Irgendwann merkst du dann, dass dich das gleiche Geschlecht viel mehr anzieht, und du malst dir oft in Gedanken aus, wie das denn so wäre. Hier beginnt das typische Kopfkino. Doch dadurch darfst du dich auf keinen Fall verrückt machen lassen. Die Pubertät ist schon nervig genug. Auf einmal denkst du, dass deine Eltern komisch sind, weil sie dir megapeinliche Fragen stellen. Alle coolen Sachen werden plötzlich uncool und umgekehrt. Mit den jüngeren Geschwistern willst du am besten gar nichts mehr zu tun haben, und der beste Freund/die beste Freundin wird zum Lifesaver und Druckausgleichsventil. Herzlichen Glückwunsch, du bist auf dem Weg, erwachsen zu werden!

Ich überspringe jetzt mal die körperlichen Veränderungen und rede nur davon, was im Kopf abgeht. Die ganze Findungsphase der eigenen Sexualität ist sehr facettenreich. Nur weil du mal auf 'ner Party deinen besten Freund/deine beste Freundin knutschst, heißt das noch lange nicht, dass du homosexuell bist. Ich glaube aber, dass der beste Freund/die beste Freundin dennoch eine wichtige Rolle in der Identitätsfindung spielt. Mit dieser Person tauschst du dich aus, erzählst ihr Geheimnisse und intime Dinge, kurz: Meistens kennt sie dich besser als du dich selbst. Aber wie findest du heraus, ob du lesbisch oder schwul bist? Ich würde sagen, das spürst du. Und zwar schon ziemlich früh. Ich war 14 und habe mir über meine sexuelle Orientierung keine Gedanken gemacht, aber meine Sportlehrerin fand ich schon damals ziemlich heiß. Gegen Knutschen hätte ich bestimmt nichts gehabt.

Man darf jedoch die Neugierde, etwas auszuprobieren, nicht mit der, wie ich es nenne, „Sexualitätsbestimmung" verwechseln. Erst wenn ein Mädchen merkt, dass es sich immer mehr zu anderen Mädchen hingezogen fühlt, sich bei Jungs nicht richtig fallen lassen kann, sich über deren SMS nicht ganz so doll freut oder anstatt mit IHM lieber bei IHR wäre, kann es davon ausgehen, vielleicht lesbisch zu sein. Ich vermute, bei den Jungs läuft das ähnlich, aber das kann ich erfahrungsgemäß nicht beurteilen. Ich habe jedenfalls schon ziemlich genau gewusst, was und wen ich damals wollte und was und wen nicht. Das Problem daran war für mich nur, dass ich nicht wusste, ob das jetzt für immer so bleibt oder nur eine Phase ist – was sich übrigens Eltern gern einreden. Rückblickend betrachtet behaupte ich, solche Phasen gibt es nicht. Die sexuelle Orientierung eines Menschen ist meiner Meinung nach angeboren und kann nicht verändert werden. Sie kann unterdrückt oder weggeredet werden. Aber wenn du auf Brüste stehst, willst du auch nichts anderes als Brüste.

WIE SAGE ICH ES MEINEN ELTERN?

Also stand ich da mit meinen mittlerweile 16 Jahren und dachte: „Okay, Saskia, du willst Brüste. Du findest zwar Typen süß, aber verlieben willst du dich in eine Frau!" Und darin besteht der wesentliche Unterschied: Willst du dich sexuell ausprobieren oder verlieben? Du kannst nämlich rein gar nichts gegen deine Gefühle tun. Ein Mädchen, das sich so sehr wünscht, sich in einen Typen zu verlieben, was aber nie klappt, und sich dann bis über beide Ohren in ein anderes Mädchen verliebt, ist zunächst sicherlich total durch den Wind. Aber so ist das. Du kannst dir eben nicht aussuchen, in wen du dich verliebst, und der Mensch wird es auch nie schaffen, solche starken Gefühle zu igno-

Du Papa,
ich
bin
Schwul.

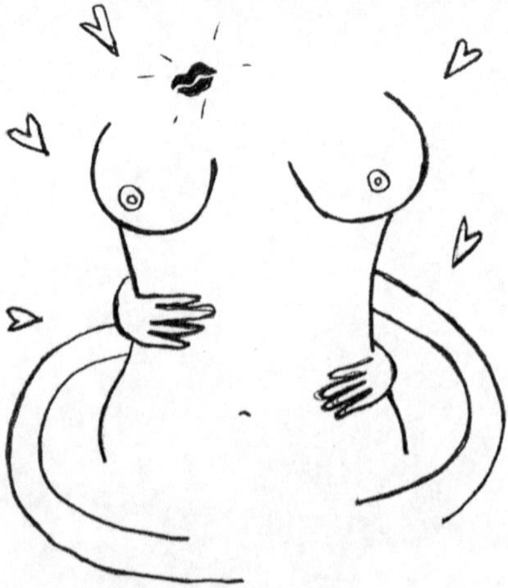

rieren. Und genau aus diesem Grund ist Homosexualität moralisch, ethisch und biologisch genauso anzuerkennen wie Heterosexualität. Liebe ist Liebe. Und da diskutier ich auch gar nicht erst. (Dazu höre ich jetzt mal lieber „Same Love" von Macklemore.)

Zurück zu mir. Ich wollte also sexuelle Erfahrungen sammeln und eine Beziehung mit einer Frau eingehen, sprich: Ich wusste sofort, dass ich lesbisch bin. Mein Problem war nur: Ich hatte ziemlich viele südländische Freunde und traute mich nicht, mich zu outen, weil ich genau wusste, dass die mich entweder nicht ernst nehmen würden oder aufgrund ihrer Erziehung nichts mehr mit mir zu tun haben wollten. Das waren zumindest meine Ängste. Deshalb entschloss ich mich dazu, erst mal alles schön mit mir rumzuschleppen. In meinen Gedanken war ich schon immer frei, aber ich wollte auch endlich frei SEIN. Doch jedes Mal war da diese Scheißangst, ich könnte meine Freunde verlieren, meine Eltern würden mich verstoßen (meine Mama zwar weniger, da sie selbst lesbisch ist, dafür aber umso mehr mein Vater), oder ich könnte sonst irgendwelche Nachteile haben, nur weil ich Mädchen liebe. Also habe ich das alles erst mal meiner besten Freundin Aylin erzählt. Die komischerweise zunächst Abstand von mir genommen hat. Der Mensch, von dem ich das am wenigsten erwartet hätte, lässt mich jetzt plötzlich allein!? Spinnt die?! Da hängst du mit jemandem seit der ersten Klasse zusammen, kennst die andere besser als dich selbst, vertraust dieser Person dein Fucking-Leben an und dann sowas?! Das Ganze dauerte genau elf Tage, und ich erinnere mich an jeden einzelnen.

Da alle uns nur im Doppelpack kannten, waren diese elf Tage selbst für unsere Mitmenschen erschreckend ungewohnt. Und so wurden wir beide schließlich von einer gemeinsamen Freundin eingeladen und zur „Aussprache" gezwungen. Ich weiß noch ganz genau, wie das war: Ich stehe mit dem Rücken zu ihr, starre aus dem Fenster und lasse sie reden. Ich drehe mich zu ihr um und sehe sie tatsächlich das allererste Mal in zehn Jahren Freundschaft weinen. Aylin war immer so eine, die nie geweint hat. Soll es ja geben. Diesen Moment werde ich nie vergessen.

Dazu muss ich sagen, meine beste Freundin ist Türkin und hatte große Angst, mit mir nicht mehr befreundet sein zu dürfen, wenn ihre Familie erfährt, dass ich lesbisch bin. Zum Glück waren aber ihre und meine Ängste unbegründet. Ich bin immer noch die „deutsche" Tochter von Aylins Eltern und werde genauso akzeptiert wie vorher. Jetzt weiß ich auch, dass so was unheimlich zusammenschweißt, wenn man die gleiche Angst teilt. Ich glaube, das war mein Outing, für mich war es auf jeden Fall der Startschuss dafür.

Am nächsten Tag wollte ich alles meiner Mama sagen. Ich nahm also am Frühstückstisch meinen ganzen Mut zusammen und setzte an: „Ähm, du, Mama? Ähhhh, alles klar? Also, ich wollte dir was sagen!“ (Herz auf 180) Mama schmierte mir gerade ganz gelassen eine Stulle, legte das Messer feinsäuberlich beiseite, beugte sich sanft zu mir runter und sagte: „Jaa? Wie heißt deine Freundin, Saskia?“ (EYYY WAT?? WOHER WEISS DIE? ÄHM – HÄÄ?) In meinem Kopf voll das Feuerwerk, aber dann ganz kleinlaut: „Renate. Aber, Mama, woher wusstest du das denn, dass ich ... na ja ...“ „Du bist meine Tochter, Schatz“, unterbrach sie mich. „Ich kenne dich besser, als du denkst, meinst du, mir fallen deine funkelnden Augen nicht auf, wenn du mit ihr telefonierst, bevor du schnell in deinem Zimmer verschwindest?“ Obwohl ich wusste, dass meine Mama damit am allerwenigsten ein Problem haben würde, hätte ich niemals gedacht, dass sie es eher weiß als ich selbst. Ich war so erleichtert. Aus dem Hintergrund gab noch mein Bruder, der gerade das Haus verlassen wollte, seinen Senf dazu: „Möchte sich vielleicht noch jemand outen, oder kann ich jetzt gehen?“ Poff, Tür zu. Das war's. Es war raus. Das feier ich bis heute.

Tja, Leute, das war mein Outing. Von da an lief alles wie von selbst. Woran allerdings mein Bruder nicht ganz unschuldig war, der hat's nämlich überall rumerzählt („EY, MEINE SCHWESTER IS JETZT 'NE LESBE! KRASS, NE?!“). Das Schöne daran ist: Ich hatte damals und habe noch heute die besten Freunde der Welt. Die sind nämlich alle geblieben, haben gesagt, dass sie es sowieso schon wussten, und das Leben ging einfach weiter. Deshalb kann ich euch aus eigener Erfahrung ans Herz legen: Seid, wie ihr seid! Wenn ihr wirklich richtige Freunde habt, dann bleiben es auch eure Freunde, egal ob ihr Mädchen oder Jungs liebt.

Ey, meine Schwester is jetzt 'ne Lesbe

Einige meiner Freundinnen waren sogar erleichtert, weil ich nun aus dem „Jagdschema" der Jungs fiel und meine eigene „Beute" hatte. Ich nahm das als Kompliment. Von diesem Tag an habe ich wirklich darauf geschissen, was andere über mich denken. Ob sie mich ernst nehmen oder nicht, ob sie mein „Lesben-Dasein" abstoßend finden oder nicht. Alles war mir so richtig schön egal, weil ich meine Freunde und meine Familie hatte und habe. Mir ist nur wichtig, was die Menschen über mich denken, die ich liebe.

Ein Mensch fehlte aber noch, der mein „Homoglück", ich sag mal vorsichtig, a) ignoriert hat oder b) es einfach wirklich nicht wusste (wovon ich ausgehe): mein Daddy. Er wohnte mittlerweile in einer anderen Stadt, da ist es ja klar, dass man sich nicht jeden Tag sieht. Und obwohl ich ein sehr gutes Verhältnis zu meinem Dad habe, habe ich es ihm erst drei Jahre später gesagt. Mit 19.

Nach der Trennung meiner Eltern, da war ich neun, ist meine Mama lesbisch geworden beziehungsweise hat es da erst gemerkt. Ich bin ja davon überzeugt, dass die Sexualität unveränderbar ist, und als ich meine Mama darauf ansprach, ob sie das denn nicht schon immer wusste, fragte sie mich nach einem Stück Kuchen. Na super! Meine Mama lernte meinen Papa kennen, als sie 18 war. Das war 1984. Eine ganz andere Generation, in der Homosexualität zwar nicht mehr strafrechtlich verfolgt, aber gesellschaftlich noch immer nicht toleriert wurde. Immerhin konnte man bis Ende der 50er-Jahre dafür bestraft werden. „Unzucht" nannte man das. Pff. Was bilden die sich eigentlich ein? Vielleicht kam das „Lesbisch-Sein" für meine Mama auch gar nicht erst infrage. Eine Frau musste schließlich einen Mann heiraten. Und umgekehrt. 13

Jahre lang ein Paar, elf davon verheiratet, zwei Kinder. 1997 dann die Scheidung, und plötzlich war Mama lesbisch. Mein Vater hatte überhaupt keine Chance, einen zweiten Anlauf zu starten. Geschweige denn die Frau zurückzugewinnen, die er über alles liebte. Und dann kommt auch noch die Tochter daher und sagt, dass sie auch lesbisch sei? Das war selbst mir irgendwie eine Nummer zu hart. Weiß nicht. Wollte ihn einfach nicht verletzen damals.

War aber alles wieder völlig unbegründet. Als ich drei Jahre später mit der Wahrheit herausrückte, reagierte mein Daddy gelassen und sagte nur: „Na gut, aber Enkelkinder will ich trotzdem haben. Ich bin dein Vater, und ich bin glücklich, wenn du glücklich bist, egal mit wem." YES, YES, YES!!! Damit war das Thema Outing für mich endgültig abgeschlossen.

Wie ihr merkt, hatte auch ich ganz schön viele Ängste. Aber man darf sich davon nicht runterziehen lassen, sondern muss sich stets selbst treu bleiben. Ich bin lesbisch, und das ist auch gut so.

KLISCHEES UND VORURTEILE: WAS FÜR PROBLEME GIBT ES WIRKLICH, UND WELCHE MACHT MAN SICH SELBST?

Unsere Welt ist durch Vorurteile geprägt. Welches Bild habt ihr im Kopf, wenn ihr an eine Lesbe denkt, und welches, wenn ihr an einen Schwulen denkt?

Leider muss ich feststellen, dass Klischees wie tuntiges Verhalten bei Schwulen und männliches Verhalten bei Lesben immer wieder bestätigt werden, und zwar nicht gerade selten. Lesben, die sich die Haare kurz schneiden, und Schwule, die sich manchmal wie Frauen verhalten. Einige werden sich an dieser Stelle sicher aufregen, doch abwarten: Auch ich denke nicht in Klischees.

Bei Wikipedia habe ich gelesen, dass „homophobes Verhalten teilweise in engem Zusammenhang zur Transphobie steht, da Außenstehende die vermeintliche Homosexualität einer Person häufig an deren Abweichung von als geschlechtstypisch geltenden Verhaltens- und Ausdrucksweisen zu erkennen glauben". Das heißt: Homophobie entsteht durch Intoleranz gegenüber dem Verhalten und der Ausdrucksweise von Schwulen und Lesben. Und deshalb entwickeln manche Menschen, nur weil es ihnen nicht passt, wie andere aussehen oder sich benehmen, eine Abneigung gegen deren sexuelle Orientierung. Wie sinnlos ist das denn bitte? Das ist definitiv ein Problem. Die Frage ist, wie man damit umgeht.

Manchmal sagen mir Leute, dass „wir doch froh sein können, in so einem Land wie Deutschland zu leben, wo jeder sein kann, wie er will, und dass man in anderen Ländern ermordet wird, weil man homosexuell ist". Aber soll ich deshalb aufhören, dafür zu kämpfen, dass verdammt noch mal alle Menschen endlich gleich behandelt werden? Mit diesem Buch und über Facebook habe ich eine Stimme, mit der ich einige Probleme ansprechen kann, die immer wieder gern unter den Teppich gekehrt werden, weil es ja „Schlimmeres" gibt. Natürlich gibt es immer mehr Leute, die sich das öffentliche Outing von Prominenten zum Vorbild nehmen und sich deshalb auch outen.

Aber dass Lesben oder Schwule für ihren Mut, zu sich selbst zu stehen, Applaus und Anerkennung erhalten, bestätigt doch wiederum die Meinung vieler, Homosexualität sei etwas Unnormales. „Wow, ich finde es toll, dass Sie so damit umgehen, Frau Beecks!" Womit umgehen, bitte schön? Ich finde es einfach gut, dass immer mehr Menschen über ihre Homosexualität oder ihr Outing sprechen, weil sie anderen dadurch ein Vorbild sein können. Nichts anderes versuche ich. Aber ich möchte nicht nur anderen Mut machen, sondern auch ein Statement setzen, ein homosexuelles Statement. Mit Brüsten UND Bart. Ich halte mich nicht für besonders mutig, nur weil ich so offen mit dem ganzen Thema umgehe. Nein, für mich ist das völlig normal. Ihr lieben Homophoben da draußen habt doch nur Angst, dass wir wundervollen schöpferischen Wesen euch eure Ladys wegschnappen.

Zu größeren Problemen kann es nach dem Outing in der Schule, im Sportverein oder in der Clique kommen. Und natürlich in der Familie. Aber da ich mich in meiner Sexualität vollkommen wohlfühle, weiß ich tief in meinem Inneren, dass nicht ich diese Probleme habe, sondern, wenn überhaupt, andere mit mir. Ich werde häufig angesprochen oder bei Facebook angeschrieben, wie das denn bei mir so war und dass mich die Leute als mutig empfinden, weil ich mich zu mir selbst bekenne. Nach meiner Erfahrung liegen die Probleme am häufigsten in der Familie und/oder im Freundeskreis. So haben es beispielsweise Jugendliche aus religiösen Familien schwerer, sich zu outen. Einige dieser Eltern empfinden sogar Mitleid für ihr Kind, da es von Gottes Wegen abgekommen sei oder sie die Homosexualität als Strafe Gottes ansehen. Dabei frage ich mich immer: Wollen denn nicht alle Eltern, dass ihr Kind glücklich ist? Und will Gott das nicht auch? Was

Alles
Bullshit!

sind das für Väter, für die eine Welt zusammenbricht, wenn sie erfahren, dass ihr Sohn schwul ist? Oder für Mütter, die meinen, das Geschwätz der Nachbarn nicht ertragen zu können, wenn jemand mitbekommt, dass ihre Tochter in ein Mädchen verliebt ist. Wie viele Leute sind immer noch der Überzeugung, Aids sei eine Schwulenkrankheit? ALLES ! Warum wird Homosexualität so häufig mit etwas Negativem assoziiert? Ich glaube, es ist der menschliche Instinkt, alles Unbekannte erst einmal abzublocken oder sogar negativ zu empfinden. Hier muss dringend Aufklärung betrieben werden.

Manchmal hoffen Eltern auch, Homosexualität sei nur eine Phase, die wieder vorübergeht, und ihr Kind sei dann später endlich wieder „normal". Liebe Eltern, die Sexualität eines Menschen ist nach meiner Meinung unveränderbar! Da könnt ihr euch auf den Kopf stellen. In der Pubertät wird die sexuelle Orientierung festgelegt. Es ist aber durchaus möglich, dass Menschen ihre sexuelle Orientierung aufgrund ihrer Lebensumstände verdrängen oder unterdrücken. Insgeheim weiß man aber immer, wonach man sucht – davon bin ich überzeugt!

Für Jungs ist es ab einem bestimmten Alter cool, möglichst viele Mädels aufzureißen. Okay, für Lesben ist so was immer cool, aber bleiben wir beim Thema. Um in der Gruppe nicht den Voll-Loser abzugeben, machen natürlich alle mit. Aber was meint ihr, wie blöd es dann ist, zu merken, dass man lieber Jungs aufreißt? Als würde das einfach so akzeptiert werden! Der beste Fußballer, mit dem immer alle so gerne in einer Mannschaft zusammenspielten, wird plötzlich zum Außenseiter. Ich bin davon überzeugt, dass sich viel mehr Menschen outen würden, wenn die Intoleranz gegenüber Homosexuellen nicht so weit verbreitet wäre. Aber lasst euch davon nicht verunsichern! Steht zu euch selbst! Vielleicht sind die Ängste der Menschen, die Homosexualität als Krankheit oder etwas Unnormales ansehen, sogar viel größer als die Ängste einer Lesbe/eines Schwulen, sich zu outen.

„Es heißt ja Adam und Eva und nicht Adam und Adam". Welche Moralvorstellungen haben wohl Menschen, die mit diesem plakativen Satz ihre Homophobie (= Schwulen-/Lesben-Feindlichkeit) begründen? Wenn irgendjemand öffentlich behaupten würde, Jesus sei schwul gewesen, würde das sicherlich die religiösen Gefühle einiger Menschen verletzen. Das will ich keinesfalls, denn ich respektiere jede Religion. Von mir aus könntet ihr auch an das fliegende Spaghettimonster glauben. Jeder kann glauben, was und woran er/sie/es will. Alles okay, sofern man niemand anderem seinen Glauben aufzwingt. Ich halte die religiöse Freiheit sogar für ein hohes Gut. Ein genauso hohes Gut ist aber auch die sexuelle Freiheit.

Vielleicht sind einige meiner Aussagen sehr emotional, ja impulsiv und provozierend, dennoch bin ich davon überzeugt, dass sie so leichter verstanden werden können und besser nachvollziehbar sind. Wer besitzt denn eigentlich das Recht, darüber zu entscheiden, welche sexuelle Orientierung richtig und welche falsch ist? Wenn in konservativen Kirchenkreisen meine Sexualität als Sünde dargestellt wird, fühle ich mich in meinen Gefühlen verletzt. Ich bin doch keine Sünderin, nur weil ich meine Freundin liebe. Dabei geht es doch gar nicht um richtig oder falsch. Es geht um Akzeptanz und Toleranz. Genauso wie Homosexuelle erwarten, akzeptiert zu werden, sollten sie auch akzeptieren, dass es Menschen gibt, die es nun mal als befremdlich empfinden, mitanzusehen, wie sich zwei Männer oder zwei Frauen küssen – weil sie eben nichts anderes kennen als das heterosexuelle Mann-Frau-Bild, das sie seit ihren Kindertagen gewohnt sind. Den meisten Menschen wird das nun mal als „normal" suggeriert. Ich erwarte auch nicht, dass Heerscharen von Rentnerpaaren aus ganz Deutschland auf die Straße gehen, um für die Akzeptanz von Schwulen und Lesben zu demonstrieren. Nein, es liegt vor allem an unserer und den nachfolgenden Generationen, dieses veraltete Denken durch Aufklärung und Vorleben ein für alle Mal zu überwinden. Also geht es um die Erziehung.

Es liegt in der Natur des Menschen, grundsätzlich erst mal alles abzulehnen, was irgendwie anders ist, nicht der Norm entspricht oder Veränderung mit sich zieht. „Normal" ist also das, was von der Gesellschaft am häufigsten vertreten wird. Das ist jedenfalls die gängige Definition von „normal". Doch solange alle Schwulen und Lesben, die sich outen, von der Öffentlichkeit Applaus ernten für ihren Mut, zu sich selbst zu stehen, kann von „Normalität" nicht die Rede sein. Das macht mich traurig. Wenn Conchita Wurst irgendwann kein Thema mehr und Homosexualität in der „Grundmoral der Gesellschaft" verankert ist, dann sind wir vielleicht auch in dieser Hinsicht endlich in der Normalität angekommen.

Eigentlich finde ich es total bescheuert, wenn Schwule und Lesben und alle nicht heterosexuellen Menschen sich selbst feiern (müssen), weil sie ja ach so mutig und cool sind. Aber wahrscheinlich gehört das zu dem Weg, den wir gehen müssen, bis es irgendwann niemanden mehr interessiert, worauf man steht. Einer meiner Lieblingskommentare kam von einem 16-jährigen Mädel, das unter einem Facebook-Post von mir schrieb: „Warum das alles? Ich stell mich doch auch nicht irgendwo hin und sage: ‚Hi, ich bin Anna und hetero'."

Meiner Meinung nach wird unsere angeblich so freie Gesellschaft noch immer stark vom christlichen Glau-

ben beeinflusst, wenn nicht sogar geprägt. Zu unseren Regierungsparteien zählen schließlich die CHRISTLICH Demokratische Union und die CHRISTLICH Soziale Union. Sollten nicht Staat und Kirche deutlicher voneinander getrennt sein? Ich glaube, das geht überhaupt nicht. Gläubige wählen und werden gewählt. Finde ich im Übrigen auch gar nicht schlimm. Auch das toleriere ich. Ich fände es auch völlig in Ordnung, wenn Muslime, Buddhisten oder Hinduisten im Bundestag vertreten wären. Das klingt vielleicht banal, aber hinter vorgehaltener Hand gibt es in Deutschland viele Menschen, denen das nicht passt. Außerdem lautet die Frage doch gar nicht, woran wir glauben, sondern warum wir glauben.

Ich kann auch auf das Recht verzichten, in der Kirche heiraten zu dürfen. Wenn ich heirate, brauche ich dafür keinen Altar, sondern lediglich das Jawort meiner Partnerin. Mittlerweile gibt es ja immerhin Gemeinden, die ihren Segen auch gleichgeschlechtlichen Ehen spenden, relevant für eine Eheschließung ist die Kirche aber nicht. Dennoch braucht der Mensch einen Glauben. Etwas „über" sich, eine Art Autorität, etwas, wonach er sich richten kann.

Aber die Menschheit hat sich weiterentwickelt. Jahrhundertelang wurde Homosexualität durch die herrschenden Moralvorstellungen unterdrückt. Bis heute. In der modernen Gesellschaft gibt es nur mehr Menschen, die sich trauen, sich zu outen. Der Mensch stammt vom Affen ab, da gibt es nichts dran zu rütteln. Das in der Bibel beschworene Bild der Eva, die aus der Rippe Adams „gemacht" wird, ist für mich nichts anderes als ein Sinnbild dafür, dass Mann und Frau abhängig voneinander sind, was die Fortpflanzung betrifft. Mehr nicht. Es ist nicht die Rede von „Heteroliebe", sondern von der Entstehungsgeschichte. Jeder mit gesundem Menschenverstand weiß, dass man aus Rippen und Lehm keinen Menschen formen kann. Jetzt mal ehrlich: Wasser in Wein verwandeln, übers Wasser laufen, das Meer trennen oder als Jungfrau schwanger zu werden kann man doch nicht wirklich ernst nehmen. Für mich sind das Metaphern, die bedeuten, das Unmögliche möglich zu machen. An diesen Stellen will die Bibel den Menschen motivieren nicht aufzugeben, selbst wenn die Situation noch so ausweglos ist. Schließlich ist alles immer nur eine Frage der Perspektive.

Ich bin davon überzeugt, dass sich die Probleme und Konflikte mit der Akzeptanz von Homosexualität verkleinern und mit den kommenden Generationen abschwächen werden. Wir befinden uns gerade mitten im Umbruch. Die älteren Generationen, in denen Homosexualität vielfach als „nicht normal" gilt, werden abtreten. Die nachkommenden Generationen werden in ihrem Weltbild aufgeklärter sein, und ihnen wird die sexuelle Orientierung eines Menschen völlig egal sein. Außer bei der Partnersuche. Aber dabei geht es nicht darum, was oder wen wir lieben, sondern dass wir lieben.

IST DOCH ALLES WURST

Die Travestiekünstlerin Conchita Wurst gewinnt den Eurovision Song Contest 2014. Da ich immer wieder merke, wie wenige die Begriffe transsexuell, Transvestit und Travestie unterscheiden können, möchte ich sie einmal kurz erklären. Jemand, der transsexuell ist, sieht sich als Angehöriger des anderen Geschlechts und sich selbst als im eigenen „falschen" Körper gefangen. Mit Hormonbehandlungen und OPs lässt sich der Körper entsprechend angleichen. Ein Transvestit ist ein Mensch, der seine Geschlechtsidentität ausdrückt, indem er die Klamotten des anderen Geschlechts trägt. Das ist unabhängig von der sexuellen Orientierung und kommt bei Homos und Heteros gleichermaßen vor. Ein Mann trägt Frauenkleider und definiert so seine Geschlechtsidentität, nämlich die, gerne eine Frau zu sein, obwohl er natürlich anatomisch ein Mann ist und bleibt. Dabei kommt es auch nicht darauf an, ob dieser Mann homo- oder heterosexuell ist.

Ein anderer, neuerer Begriff ist Transgender. Das kann ein heterosexueller Mann sein, der privat gerne mal Frauenklamotten trägt, weil er sich so wohlfühlt, sich aber ganz „normal" für einen Mann hält. Travestie hingegen ist eine Kunstform des Transvestitismus (ja, das Wort gibt es wirklich). Der Travestiekünstler schlüpft auf der Bühne (und anderswo) in die Rolle des anderen Geschlechts. Die Übergänge zwischen den beiden Geschlechtern verlaufen meist fließend und dafür gibt es keine feste Regel. So ist Conchita Wurst ein Mann, der die Rolle der Conchita mimt und eine Frau darstellt,

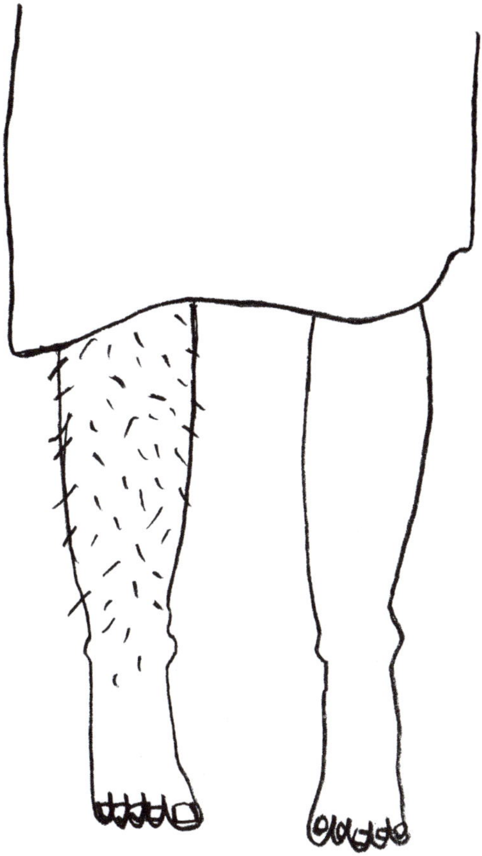

ffentlich Privat

aber den Bart als Zeichen der Männlichkeit stehen lässt. Drag wiederum ist ähnlich wie die Travestie, aber in übertrieben dargestellter Form. Es gibt Drag-Queens und Drag-Kings. Drag-Queens sind anatomisch gesehen Männer, die Frauen in sehr plakativen und theatralischen Posen darstellen. Bei den Drag-Kings ist das logischerweise umgekehrt. So, jetzt wisst ihr hoffentlich Bescheid.

Natürlich habe ich mich gefreut, als ich hörte, dass eine Travestiekünstlerin den Eurovision Song Contest gewonnen hat. Hätte gerne Putins Gesicht gesehen. Mir ist auch egal, aus welchen Gründen die Wurst gewonnen hat, ob es nun politisch motiviert war oder nicht, denn Fakt ist: Es war ein Zeichen, und es wurde richtig gesetzt. Dazu habe ich einen blöden Kommentar auf meiner Facebook-Seite gefunden, der mich echt umgehauen hat. Da schreiben doch tatsächlich einige offensichtlich Schwule, Conchita Wurst sei eine Schande für die Schwulenwelt. Das muss man sich mal auf der Zunge zergehen lassen. Ähm ... HÄ?! Geht's eigentlich noch?! Jahrhunderte lang kämpfen Schwule und Lesben für Gleichberechtigung und Akzeptanz in der Gesellschaft, und dann haben ein paar Idioten von euch da draußen nichts Besseres zu tun, jemanden, der anders ist, als Schande darzustellen, und grenzen diese Person aus? Machen genau das Gleiche wie alle homophoben Menschen. Hassen ohne Grund. Dass ich so was lesen musste, hat mich nicht nur traurig, sondern auch wütend gemacht. Schämt euch und stellt euch bei den Homophoben an, denn ihr seid kein Stück besser.

Selbst wenn Conchita nur gewonnen hat, WEIL sie eine Travestiekünstlerin ist, ist das okay und völlig richtig so. Europa wollte ein Zeichen setzen, hat's gemacht, und unser lieber Herr Putin guckt dumm aus der Wäsche. Und wehe, es fragt mich noch einer, was das Ganze mit Russen-Präsident Wladimir Putin zu tun hat. In seinem Land ist seit 2013 sogenannte Homosexuellen-Propaganda verboten, heißt: Im Prinzip dürfen sich in Russland weder Medien noch Privatpersonen öffentlich positiv über gleichgeschlechtliche Liebe äußern.

Dann regen sich viele darüber auf, dass das russische Zwillingspärchen beim Song Contest ausgebuht wurde. Natürlich haben die beiden das nicht verdient, und sie taten mir auch wirklich leid, aber auch Russland hat ein Zeichen gesetzt, leider ein falsches. Das russische Fernsehen plante sogar, den ESC nicht auszustrahlen. Deshalb sind die beiden Mädels ausgebuht worden, und daran sind Russland und jeder Verantwortliche, der die beiden Mädchen auf die Bühne geschickt hat, schuld. Russland hatte eine Chance, mit der Homosexualität anders umzugehen, und hat sie nicht genutzt. Sich als Land bei einem Wettbewerb zu präsentieren, das wegen der Teilnahme einer Travestiekünstlerin überlegt, die Ausstrahlung abzuwürgen und sich damit nicht nur homophob, sondern auch im höchsten Maße intolerant und diskriminierend verhält, passt meiner Meinung nach einfach nicht zu Europa. Da darf sich niemand über Buhrufe wundern. Die Mädels waren leider nur Mittel zum Zweck, und sie dürften zumindest ahnen, dass die Buhrufe nicht ihnen persönlich, sondern ihrem Land galten.

WUNSCHDENKEN

Es gibt sicherlich angesichts von Hungersnöten, Naturkatastrophen, Krieg und Völkermord akutere und dringlichere Themen auf der Welt als die Gleichberechtigung von Homosexuellen. Und gäbe es ein Ranking, landete das, was mit Schwulen und Lesben weltweit passiert, sicher nicht auf Platz 1 der „noch zu lösenden Fälle". Ich verstehe, dass das definitiv nicht zu den Top-5-Problemen dieser Welt gehört. Und ich weiß, es klingt utopisch, aber es müsste einen Regenbogenrat (Rainbow Nation) geben, der sich auf der ganzen Welt dafür einsetzt, dass Schwule und Lesben die gleichen Rechte haben wie jeder andere Mensch. Und als Erstes müsste dieser Rat dann alle Menschen bestrafen, die Homosexuelle diskriminieren. Zumindest in besonders schweren Fällen. Ich rede hier nicht von Schwulenwitzen (Was machen drei Schwule, wenn sie im Park eine Frau überfallen? Zwei halten sie fest, und der Dritte macht ihr die Haare), denn die finde ich wichtig und witzig, sondern von Leuten wie Putin. Stellt euch vor, er müsste sofort in den Knast wandern, wo große starke Männer auf ihn warten, die ihm zeigen, wo der Hammer hängt. Oder nicht mehr hängt.

Auch in Deutschland sind wir noch lange nicht am Ziel, aber zumindest auf einem guten Weg dahin. Die sexuelle Orientierung sorgt zwar immer wieder für Diskussionen, und der eine oder andere zeigt mit dem Finger auf Schwule und Lesben. Dennoch habe ich hier in Deutschland wenig Probleme (vielleicht auch, weil ich mir das gar nicht bieten lasse). Aber wenn ich über den Tellerrand hinausschaue, tut es mir weh mitanzusehen, was in anderen Ländern in Europa passiert.

23-JÄHRIGER SCHWULER IN WOLGOGRAD GRAUSAM ERMORDET

Als ich von diesem Fall gelesen habe, blieb mir echt die Spucke weg. Vladislav Tornovoj, 23 Jahre jung, wurde in der Nacht vom 9. auf den 10. Mai 2013 verprügelt, vergewaltigt und anschließend ermordet. Der Leichnam wurde nackt aufgefunden, übersät mit zahlreichen Wunden und Verletzungen im Genitalbereich. Sein Kopf war eingeschlagen, in seinem After steckten zwei Bierflaschen, eine dritte teilweise. Darüber hinaus sollen die Täter versucht haben, den Leichnam anzuzünden. Um sicherzugehen, dass Vladislav wirklich tot ist und nicht zu Bewusstsein kommt, um danach die Polizei zu verständigen, soll ihm noch ein 20 kg schwerer Pflasterstein auf den Kopf geworfen worden sein. Und das alles nur, weil er schwul war? Dieser junge Mensch hat sein Recht zu leben verloren, nur weil er Jungs liebte? Also weil er liebte?

Quelle: Regina Elsner, 12.5.2013 11:11, http://www. quarteera.de/news/23-jaehrigerschwulerin-wolgogradgrausamermordet

JUNGER TEXANISCHER HOMOSEXUELLER BEI DATE ZUSAMMENGESCHLAGEN

Ein anderer Fall von Gewalt gegen Schwule, der mich berührte, handelt von Aaron Keahey, 24 Jahre jung, aus Texas. Er habe sich mit einem anderen jungen Mann ganz modern und einfach über die Smartphone-App „Meet Me" verabredet, berichtete er nach der Tat. Dumm genug von ihm, finde ich, dass er nach der Verabredung direkt in das Haus des Unbekannten ging, um diesen dort anzutreffen, aber was dort geschah, ist unter aller Würde. Es gibt nämlich tatsächlich Menschen, die sich bei solchen Foren anmelden, nur um Opfer zu treffen, die man verprügeln kann. Wie krank ist das denn?! Aaron betrat das Haus natürlich in der Hoffnung auf ein schickes Date, doch stattdessen ging er durch die Hölle. Er wurde fürchterlich verprügelt: Sein Gesicht wurde so stark zertrümmert, dass plastische Operationen nötig waren, um es wiederherzustellen. Außerdem erlitt Aaron schlimme Schäden an den Nervensträngen und ihm wurden mehrere Zähne ausgeschlagen. Wie viel Langeweile muss man bitte haben, um so etwas durchzuziehen? Steht man dann morgens auf und denkt sich „Oh, heute verprügle ich mal so richtig schön ‚n Homosexuellen!"?

Quelle: http://www.lgbtqnation.com/2014/06/texas-man-admits-abducting-severely-beating-gay-man-he-met-online/
http://www.lgbtqnation.com/tag/arron-keahey/

Ich könnte hier noch zig Fälle aufzeigen, bei denen es ähnlich ablief: „Mutter verprügelt Tochter, damit sie nicht mehr lesbisch ist“ oder „Schwuler Rentner von 27-Jährigem zusammengeschlagen“. Wenn ich so was lese, werde ich nicht nur ungeheuer wütend, sondern auch sehr traurig und stehe vor einem unfassbaren Rätsel, das ich einfach nicht verstehen kann.

Leben und leben lassen, ist das denn so schwierig? In Artikel 1, Absatz 2 des Grundgesetzes für die Bundesrepublik Deutschland heißt es: „Das deutsche Volk bekennt sich darum zu unverletzlichen und unveräußerlichen Menschenrechten als Grundlage jeder menschlichen Gemeinschaft, des Friedens und der Gerechtigkeit in der Welt.“ Ich glaube, in Wirklichkeit steht da: „Seid alle schön lieb, sonst haut die Mama euch auf die Finger, und ihr geht ohne Abendbrot ins Bett!“ Nein, jetzt mal im Ernst: Gemessen am Rest der Welt sind wir in Deutschland schon ziemlich weit, und wenn es überall so wäre wie hier, würde schon mal niemand mehr wegen seiner sexuellen Orientierung bestraft werden. Immerhin.

Wenn ich hier Russland kritisiere, meine ich damit nur dessen Politik und nichts anderes. Ich habe weder etwas gegen Russen, noch sind russische Bürger haftbar für Putin. Im Gegenteil – ich mag Soljanka und Helene Fischer.

BRIEF AN FRAU MERKEL

Sehr geehrte Frau Dr. Angela Merkel,

ich spreche jetzt wahrscheinlich für die meisten Schwulen und Lesben in Deutschland. Ich frage mich wirklich, warum Sie gegen das volle Adoptionsrecht für Homosexuelle stimmen (laut Interview in der ARD-„Wahlarena" am 9.9.2013). Ach ja, Sie haben geantwortet, dass Sie sich nicht sicher seien, ob das Wohl des Kindes damit gewahrt werden kann. Woher kommt dieses Denken, Frau Dr. Merkel? Kennen Sie vielleicht EINEN Fall, von dem Sie mir berichten können, wo ein Kind in einer Regenbogenfamilie misshandelt wurde? Nein. Machen Sie Unterschiede in der Art und Weise der Liebe, mit der ein Kind erzogen wird? Ist Liebe geschlechtsabhängig?

Jedes adoptierte Kind ist ein Wunschkind, und es wird genauestens geprüft, in welche Hände das Kind gegeben wird. Als Eintrittskarte zur Adoption muss man sein Leben offenlegen und psychologische Gutachten erstellen lassen. Finde ich alles völlig legitim. Aber jeder andere verkorkste Psychopath darf Kinder bekommen, um sie danach zu vergewaltigen oder in die Gefriertruhe zu stecken? Natürlich weiß ich, dass Sie unsere Gesetze nicht im Alleingang machen, aber Sie könnten etwas bewegen! Was bremst Sie denn da aus? Der Seehofer? Ich nehme Sie als weltoffene Persönlichkeit wahr und kann mir eigentlich kaum vorstellen, warum ausgerechnet Sie etwas dagegen haben. Sie haben doch auch mit dem Herrn Westerwelle jahrelang eng zusammengearbeitet, das beweist ja, dass Sie persönlich keine Probleme mit Homosexuellen haben!

Wahrscheinlich sind Sie eine sehr liebenswerte Person, und ich denke, Sie machen Ihren Job wirklich gut. Außerdem finde ich es süß, wenn Sie Englisch sprechen. Wenn Sie dafür sorgen, dass ich mit meiner Freundin das volle Adoptionsrecht erhalte, würde ich Sie sogar wählen. Und da wäre ich sicherlich nicht die Einzige. Überlegen Sie doch mal, wie viele Wählerstimmen Sie dazu gewinnen würden! Seien Sie mutig, und machen Sie den ersten Schritt, das können Sie auch gerne mal dem Seehofer stecken. Warum passen Sie die Politik in dieser Hinsicht nicht an die Entwicklung in der Gesellschaft an? Was gibt es denn für ein Problem?

Ich habe nur eine Frage: Woran liegt es? Am Koalitionspartner? An der eigenen Partei? Das Bundesverfassungsgericht wird Sie früher oder später sowieso dazu zwingen. Muss es wirklich so weit kommen? Ich meine, wir wissen doch alle, dass es bei der Erziehung eines Kindes einzig und allein auf die Liebe ankommt, die das Kind von der Familie oder den Eltern erfährt. Das Geschlecht spielt dabei keine Rolle. Woher ich das so genau weiß? Schauen Sie sich einfach mal Kinder an, die homosexuelle Eltern haben. Ich kann Ihnen da gerne ein paar vorstellen, und denen geht es allen wunderbar, so wie mir. Aber vielleicht können Sie sich einfach nicht von alten Denkmustern lösen.

Sie können ja persönlich darüber denken, wie Sie wollen, aber als unsere Bundeskanzlerin stehen Sie an der Regierungsspitze eines hoch entwickelten, modernen Landes, und dazu passt diese Politik leider nicht mehr. Stellen Sie sich vor, Ihre persönliche Freiheit wird eingeschränkt, NUR weil Sie eine Frau lieben. Aber es wird nicht mehr lange dauern, dann wird sich das ändern. Spätestens wenn meine Generation an der Reihe ist, und das beruhigt mich. Und keiner von euch Politikern, der sich jetzt noch gegen das volle Adoptionsrecht und die Gleichstellung von Schwulen und Lesben wehrt, wird mehr etwas dagegen tun können. Sie können das dann nur noch aus dem Ruhestand betrachten. Oder Sie schauen RTL II.

Ihre Saskia Beecks

PS: Habe kürzlich einen Artikel in der „Süddeutschen" gelesen, in dem es hieß, man könne die Gleichstellung der Schwulen und Lesben, auch in Bezug auf die eheliche Gleichstellung, nicht mehr lange hinauszögern. Das Bundesverfassungsgericht werde die Politik zwingen, dieses längst fällige Gesetz in Kraft treten zu lassen, da die regierenden Parteien diesen Prozess unnötig lang hinauszögern und die Diskriminierung der Schwulen und Lesben in Deutschland damit unterstützen und verlängern.

ALLES REINE KOPFSACHE

Ich kann mir vorstellen, dass Heteros sich weniger oder nicht in dem Maße mit ihrer Sexualität auseinandersetzen, wie es ein homosexueller Mensch tut, da sie keine Angst haben anzuecken, weil es ja üblich ist, hetero zu sein. Wer spürt, er/sie interessiert sich für das gleiche Geschlecht, trägt eine innere Auseinandersetzung aus. Man will sich seiner Gefühle sicher sein. Ich finde, diese innere Auseinandersetzung läuft viel bewusster bei Menschen ab, die homosexuell oder transsexuell sind. Will ich das wirklich? Was sagen meine Eltern und meine Freunde? Wer sich nicht outet, trägt viele Ängste in sich, die ich nachvollziehen kann. Man engt sich selbst ein, bis zu dem Punkt, an dem es nicht mehr geht. Man muss zu sich selbst stehen, um nicht unglücklich zu werden. Nie wird ein Mensch, und seien seine Mühen noch so groß, es schaffen, gegen seine Sexualität anzukommen, da letztendlich die Gefühle, Bedürfnisse und Sehnsüchte immer den Ausschlag geben werden. Ansonsten wird man von innen und ihnen zerfressen.

Die sexuelle Orientierung spielt zwar eine wichtige Rolle, aber mehr noch kommt es darauf an, wie sehr ein Mensch sich seiner selbst bewusst ist. Nur so gelangt er an den Punkt der inneren Zufriedenheit. Jeder sollte sich öfter mit sich selbst auseinandersetzen und auf seine Bedürfnisse eingehen. Sind sie unglücklich, wollen die meisten Menschen alles dafür tun, wieder glücklich zu sein. Sie fragen sich: Warum bin ich unglücklich? Warum ich? Alles scheint negativ zu sein. Die meisten Menschen beschweren sich über ihr Unglück, vergessen aber dabei, darauf zu achten, was sie glücklich macht. Sie beschäftigen sich zu sehr mit dem Negativen. Das ist der falsche Ansatz. Die Frage sollte lauten: Was macht mich glücklich? Wobei und womit geht es mir gut? Wer glücklich sein will oder vielleicht auch nur Zufriedenheit anstrebt, sollte sich immer wieder fragen: Wer bin ich, und was will ich? Wie geht es mir in diesem Moment? Immer wieder von vorn. Immer Im Hier und Jetzt.

Beim Abnehmen, ich habe es am eigenen Leib erfahren, läuft das nicht anders. Überaus dicke Menschen leben unbewusster als normalgewichtige. Dabei kann jeder es schaffen abzunehmen, wenn er es unbedingt will. Das Entscheidende ist der Wille. Die nötige Disziplin kommt dann von ganz allein und wird durch Erfolgserlebnisse bestärkt. Und der Wille, nicht völlig ungesund zu leben, sollte bei jedem Menschen vorhanden sein. Fast hat jeder seine Laster. Der eine raucht, der andere säuft oder kifft. Solange man diese Laster nicht zur Problemverdrängung benutzt, besteht eine weniger große Gefahr der Abhängigkeit. Reine Kopfsache.

Das größte und am weitesten verbreitete Laster ist jedoch eine dauerhaft ungesunde Ernährung. Viele versuchen, durch maßloses Essen ihre Unzufriedenheit zu kompensieren und erleben dabei das Glücksgefühl einer Endorphinausschüttung. Wenn das bei dir der Fall ist, solltest du dich jedes Mal, bevor du einer Heißhungerattacke nachgibst, kurz hinsetzen und fragen, wohin das langfristig führt. Nach dem kurzen Endorphin-Kick bist du nämlich wieder genauso unglücklich wie vorher – und lässt das Futtern trotzdem nicht.

Einsicht ist der erste Weg zur Besserung, lautet ein altes Sprichwort. Doch Laster können sogar nützlich sein, denn sie zeigen uns, was einem nicht guttut. Klingt vielleicht paradox, aber die kurzen Glücksmomente, die ein Mensch im Augenblick des Genusses spürt, sind nun mal sehr verführerisch. Und Menschen streben nach eben diesen Glücksmomenten. Sei es beim Essen oder Kiffen. Wer dabei allerdings nicht auf die langfristigen Folgen achtet, läuft Gefahr, süchtig zu werden. Ich hasse nichts mehr als Menschen, die sich immer alles schönreden – und sich eine (beginnende) Sucht nicht eingestehen! Dann seid besser ehrlich zu euch selbst. Wer sich was vormacht, verrät sich früher oder später sowieso. Erst wenn ihr zu dem steht, was ihr seid und tut, habt ihr eine Chance, euch zu verändern. Und dazu müsst ihr euch selbst annehmen, so wie ihr seid.

ZU GUTER LETZT

Fragen und Antworten. Manchmal auch Antworten auf komische Fragen und auf solche, die ich mir selbst immer wieder mal stelle. Unter anderem über Facebook als Vermarktungsplattform, Selfie-Galerie und öffentliche Stimme ...

FACEBOOK // SO DENKE ICH DARÜBER

Ohrwurm: Pharrell, „Happy"

Was persönliche Ansichten betrifft, ist im Netz so ziemlich jeder ganz vorne mit dabei. Und zwar meistens die Leute, die mit großer Wahrscheinlichkeit im realen Leben nicht ihren Mund aufmachen. Die Anonymität des Internets schützt die Identität. Positiv wie negativ. Natürlich findet das wirkliche Leben draußen statt, aber gerade die, die im digitalen Ghetto leben, glauben immer zu wissen, wovon sie sprechen. Yo, wenn es um Meinungen, Kommentare, Statements oder sonst irgendeine Senfsorte geht, wird im World Wide Web kein Blatt vor den Mund genommen. Da man ja sowieso nicht zur Rechenschaft gezogen werden kann, vor allem aber weil man anonym bleibt, sagt beziehungsweise schreibt jeder, was er/sie/es so denkt über dieses und jenes. Es herrscht eine Form von Unangreifbarkeit, die, wie ich finde, ganz schön gefährlich werden kann. Stichwort Cybermobbing.

Aber warum artet es gerade im Internet so aus, dass es immer wieder zu Shitstorms kommt? Ich glaube, auch das hat mit der Unangreifbarkeit zu tun. Niemand muss dort für sein Geschriebenes Konsequenzen tragen, man kann es ja, zumindest bei Facebook, jederzeit löschen und somit seine Meinung revidieren.

Ich denke, dass sich das Verhalten eines Menschen massiv ändern kann, sobald seine Äußerungen Befürworter finden. Durch die entstehende Gruppendynamik kann man sich bestärkt fühlen. Umgekehrt funktioniert das natürlich auch: Erhält jemand für seine Meinung keine Unterstützung, hält er danach meist die Klappe. Kaum jemand vertritt nämlich eine Ansicht, mit der er allein dasteht. Die Gruppe kann somit viel Einfluss auch auf persönliche Entwicklungen nehmen, natürlich abhängig davon, wie lange man sich in welcher Art von Gruppe befindet.

Wenn beispielsweise jemand in Russland postet, dass er für die Akzeptanz von Homosexualität einsteht, kommt es sofort zu einem Shitstorm. Das ist meiner

Meinung nach eine Art von negativer virtueller Demonstration. Ein Shitstorm kann zum Beispiel auch entstehen, wenn ein Prominenter einen Witz über eine Randgruppe postet, sich einen völlig makaberen Beitrag leistet oder ganz einfach die Klappe zu weit aufreißt. Sofort schaltet sich dann die Masse ein, die zu Hunderten/Tausenden versucht, den Promi zur Vernunft zu bringen und ihm klarzumachen, dass das so nicht tragbar sei.

Das Einzige, was mich am Thema Shitstorm beruhigt, ist, dass – von Ausnahmen mal abgesehen – die Mehrheit überwiegend positive Absichten hat. Trotzdem bin wirklich froh, dass noch kein Shitstorm gegen mich gelaufen ist. Was sich aber nach der Veröffentlichung dieses Buches schnell ändern könnte.

Ob ihr es glaubt oder nicht: Ich bearbeite tatsächlich die Beiträge auf meiner Facebook-Seite selbst und kontrolliere stets, dass alles rechtens abläuft. Da ich mit meiner Meinung oder meinem Humor aber oft anecke und meine Abonnenten („Fans" wäre mir an dieser Stelle zu arrogant) davon nicht verschont bleiben, weiß ich um die Schwierigkeit dieses Themas. Und was ich auf meiner Seite schon so alles lesen musste, kann ich gar nicht schreiben, da meine Finger sich wortwörtlich, nein, mehr noch, buchstäblich dagegen wehren, derart dumme Sätze in die Tastatur zu hauen. Ich hör ja auch nicht den Wendler. Wo kämen wir denn dahin?

Ich möchte an dieser Stelle nicht undankbar erscheinen für all die lieben Komplimente, über die ich mich unheimlich freue. Mal abgesehen von den 70 Prozent, die „hübsch" mit „p" schreiben, Nelson Mandela nicht kennen oder mich als „hesliche Lespe" bezeichnen: Ich habe da echt Unterhaltung! Manchmal sind da sogar richtig coole Statements dabei.

Einige Facebook-Beiträge können natürlich auch positive Auswirkungen auf andere haben, zum Beispiel die „Wir sind jetzt alle tierlieb"-Welle oder die „Wenn du deine Mama liebst, teile mein Bild"-Welle. Plötzlich sind alle gegen Krieg und Rassismus, für artgerechte Tierhaltung oder setzen sich für andere Menschen ein. Nur: WO?! Ich meine, wo auf der Straße finde ich solche Leute? Wenn wirklich alle so sind, wie sie sich im Internet darstellen, müsste sich ja schlagartig die Welt verbessern. Dann müssten aber auch alle so aussehen wie auf ihren Profilbildern.

Hier geht's immer noch um Facebook, falls mir jemand nicht folgen konnte. Manchmal kann ich mir sogar selbst nicht folgen. Kein Scherz. Oft habe ich so viele Gedanken und Ideen auf einmal im Kopf, dass ich sie am liebsten alle gleichzeitig zu Papier bringen würde. Dann verschwende ich viel Zeit damit, zu überlegen, welchen Gedanken ich nun zuerst aufschreibe und, zack, träume ich mit glasigen Augen vor dem Monitor und verliere mich dabei selbst. So war ich schon als Kind. Hab mich immer viel zu schnell ablenken lassen und konnte mich nie lang konzentrieren. Was sich zum Glück geändert hat. Heute kann ich mich zwar nur auf genau EINE Sache konzentrieren, dann aber zu 100 Prozent. Multitasking? Das ist nichts für mich. Ich geh ja so manchem Trend nach, aber irgendwann sind auch da Grenzen erreicht! Ich finde das blöd. Ich widme lieber der einen Sache, die ich gerade mache, 100 Prozent meiner Aufmerksamkeit und versuche mich voll und ganz darauf einzulassen. Wie beim Schauspielen.

MEINE STIMME: WANN UND WOFÜR?

Ich poste nichts, wenn ich nichts zu sagen habe oder mir nichts einfällt. Ich suche nicht krampfhaft nach Dingen, die mir Likes bringen und höchstens für Aktivität bei Facebook sorgen. Ich möchte auf meiner Seite mehr, als mich nur selbst darzustellen. Natürlich gehören ein paar Selfies dazu, aber ich bin mir bewusst, dass ich eine Stimme habe. Eine unabhängige Stimme, die in der Öffentlichkeit gehört wird. Das schätze ich sehr. Und deshalb möchte ich mir diese Öffentlichkeit zunutze machen, um auf Probleme aufmerksam zu machen, zu etwas aufzurufen oder sich für etwas einzusetzen. Natürlich nicht am laufenden Band, das würde die Abonnenten nur langweilen. Die User wollen unterhalten werden, das Gefühl haben, an meinem Leben teilzuhaben. Teilweise bekomme ich wirklich interessante Artikel geschickt, deren Inhalte in den Nachrichten so niemals auftauchen würden. Die Anzahl der Leute, die man über Facebook erreichen kann, ist wahnsinnig groß. Und es geht auch noch verdammt schnell. Nur ein Klick. Natürlich darf für jede Person, die in der Öffentlichkeit steht, die eigene Vermarktung nicht zu kurz kommen. Aber ich will mithilfe von Facebook viel mehr erreichen, als nur Komplimente unter einem Selfie zu ergattern. Das ist lediglich eine schöne Nebensache.

Man kann Facebook für Wichtigeres benutzen, als sein neues Outfit zu präsentieren. Was ich ja ebenfalls mache. Wenn ich meine neue Lederjacke besonders hübsch finde, teile ich das gern auf meiner Seite mit. Bei mir kommen aber auch persönliche Beiträge über

Politik, Tierschutzorganisationen oder andere gesellschaftsrelevante Themen nicht zu kurz. Ich wünsche mir einfach, dass es mehr Menschen gäbe, die ihre Stimme erheben. Denn man kann damit echt was bewirken.

Das Internet gibt uns die Möglichkeit, uns alle miteinander zu vernetzen und Großes zu bewirken. Wir müssen es nur gemeinsam tun. Ich beobachte leider viel Undankbarkeit in dieser Facebook-Welt. Und viele lassen sich abhängig machen von der Anzahl der Likes und „Gefällt mir"-Klicks auf ihren Seiten. Man wird sogar danach eingestuft. Und das Geilste ist, dass

es echt Menschen gibt, die sich deshalb für etwas Besseres halten oder glauben, sie hätten „es geschafft". Das nervt mich.

Jeder Mensch ist gleich viel wert, und eine Seite mit vielen Likes sagt nichts über den Charakter desjenigen, der sie führt. Oft ist es ja auch so, dass nur das gepostet wird, was gut ankommt. Aber sobald man provoziert oder sich gegen das Gesellschaftssystem äußert, merkt man erst mal, was los ist. Deshalb trauen sich viele das gar nicht erst. Lieber ein Post über das Outfit oder über die Mode, die man vertreibt. Immer dieses „allen gefallen wollen". Man kann nun mal nicht allen Menschen gefallen, und ich halte das auch für ungesund, wenn man so einen Drang verspürt.

Natürlich macht man sich gerade als „Person des öffentlichen Lebens" oft Sorgen um sein Image. Okay, die einen mehr, die anderen definitiv zu wenig. Aber es zeugt weder von menschlicher Qualität noch von einem hohen Intelligenzquotienten, wenn man nur ein gutes Image haben beziehungsweise nur Sachen machen will, um der Öffentlichkeit zu gefallen. Ich denke, die Menschen spüren es, ob ich ein Tierschützer aus Überzeugung und Tierliebe bin oder bloß ein bestimmtes Verhaltensmuster annehme, über das ich mich profilieren will. Deshalb lautet meine Message: „Bleib immer du selbst, egal was du tust!"

„DIE HEUTIGE JUGEND IST GRÄSSLICH. SIE HAT NICHT DEN GERINGSTEN RESPEKT VOR GEFÄRBTEN HAAREN."

Ich glaube, selten war eine Jugend so abhängig und unfrei wie die heutige, und daran sind nicht zuletzt auch die Medien schuld.

Mit dem Fortschritt von Industrie und Technik hat sich vor allem die Kommunikation weltweit elementar verändert. Jeder kann mit jedem überall auf irgendeine Art und Weise kommunizieren und verbunden sein. Abgeschiedenheit findet man immer seltener. Fast jeder hat ein Handy und/oder ist bei Facebook angemeldet. Selbst unter der „Oma-Opa-Generation" finden sich immer mehr „Konsumenten". Mit der Weiterentwicklung der Technik und der damit verbundenen Kommunikation gibt es natürlich auch ständig neue und noch neuere Geräte, die dieser Kommunikation dienen beziehungsweise sie erst ermöglichen. Überall erreichbar, überall online sein, jede Information ist zu jedem Zeitpunkt verfügbar. Alles hat ein Netz, alles ist vernetzt.

Ich bin der Meinung, mit der Geburt des Internets und der sich immer mehr verbessernden Kommunikationstechnik, die das Internet überall „available" macht, entwickelte sich eine neue Form der Abhängigkeit. Und diese Einflüsse und deren Auswirkungen auf das Verhalten sind vielleicht eine Erklärung für die völlig andersartige Entwicklung der heutigen Jugend.

An alle Leser über 25: Wann hattet ihr euer erstes Handy? Und wann die Kinder heute? Womit haben wir gespielt? Und womit spielen die Kinder heute? Aber die wichtigste Frage lautet: Wovon haben wir geträumt und wovon, nein, Moment mal, träumen die Kinder heutzutage überhaupt noch? Und wenn ja, wovon und in welchen Dimensionen? Wir leben in einem oberflächlichen, rasend schnellen Zeitalter, und Amerika ist das Land, in dem Träume wahr werden? Fuck you, unsere Zeit ist das einzige Land, in dem unsere Träume wahr werden können.

Komischerweise beschleicht mich das Gefühl, die Jugend sei undankbarer geworden. Vielleicht, weil es ja normal ist, dass jeder ein Handy hat. Wir haben uns nun mal daran gewöhnt, dass alles miteinander vernetzt ist. Hat ja auch Vorteile, sonst könnte ich zum

Beispiel dieses Buch nicht schreiben. Leider schätzt man aber den Wert der Dinge umso weniger, je länger man sie benutzt und besitzt. Die tolle neue Arbeit nervt nach wenigen Wochen. Die teure Jacke, die man immer haben wollte, oder das Handy, das man eintauscht, weil die Kamera nur drei Megapixel hat, ist plötzlich out. Man will immer mehr, immer der Beste sein, auf allen Hochzeiten gleichzeitig tanzen. Außer Hipsters.

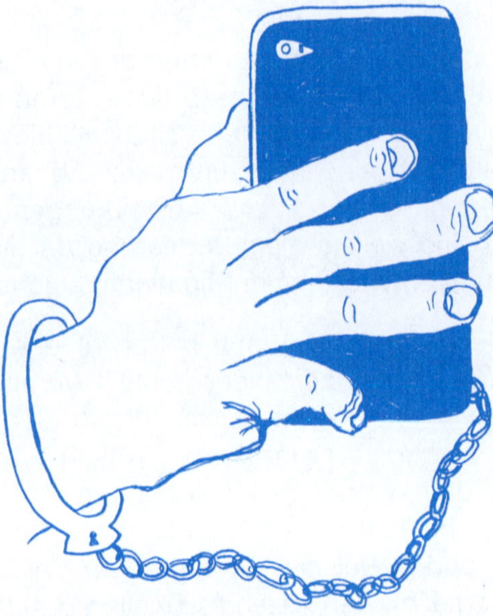

Die Wertschätzung des Hier und Jetzt nimmt somit massiv ab. Man hängt mit den Gedanken bei der Arbeit, auf einer Party, zu Hause oder in der virtuellen Welt fest. Überall gleichzeitig sein. Kaum einer kann sich mehr fallen lassen, sich seiner selbst bewusst werden. Aber ist das alles nun gut oder schlecht? Leidet der Mensch oder das Sozialverhalten des Menschen darunter?

Wenn du, statt ihm zu helfen, erst dein Handy zückst, um deinen Freund zu fotografieren, der sich ordentlich hingepackt hat, bist du echt gefährdet. Okay, ich gebe es ja zu, manches ist einfach zu schön, das muss man für die Nachwelt festhalten ;). Wenn du dich aber mit deinen Tischnachbarn nicht mehr unterhältst, sondern nur noch aufs Handy starrst, wenn du mehr Zeit mit deinem Smartphone verbringst als mit deinem Freund/deiner Freundin oder wenn dir dein Smartphone so wichtig geworden ist, dass du Beklemmungen bekommst, wenn du es mal nicht dabei hast, dann hast du es im negativen Sinne wirklich geschafft: Du hast dich „erfolgreich" abhängig gemacht!

Klar hat die sogenannte digitale Revolution auch Vorteile, und fast jeder profitiert irgendwie davon. Aber sobald diese Vorteile eine Auswirkung auf das menschliche Sozialverhalten haben, können sie sich zu Nachteilen entwickeln. Ein Beispiel: Typische Kneipengespräche, bei denen fünf Leute oder mehr angeregt diskutieren, welche Stadt die bevölkerungsreichste der Welt sei, gibt es nicht mehr. Spätestens nach einer Minute holt immer irgendjemand sein Smartphone heraus und googelt nach.

Manchmal habe ich auch das Gefühl, dass sich viele aufgrund des Immer-erreichbar-sein-Müssens/Wollens gar nicht mehr hundertprozentig auf andere Menschen einlassen können. Man steht immer irgendwie auf Abruf. Ständig auf Stand-by, sozusagen.

Während man früher mit seinen Freunden unterwegs war oder spazieren ging, konnte sonst was passieren, man war einfach nicht erreichbar. Dann hat man sich halt erst gemeldet, wenn man wieder zu Hause war und vielleicht den Anrufbeantworter abgehört hat. So

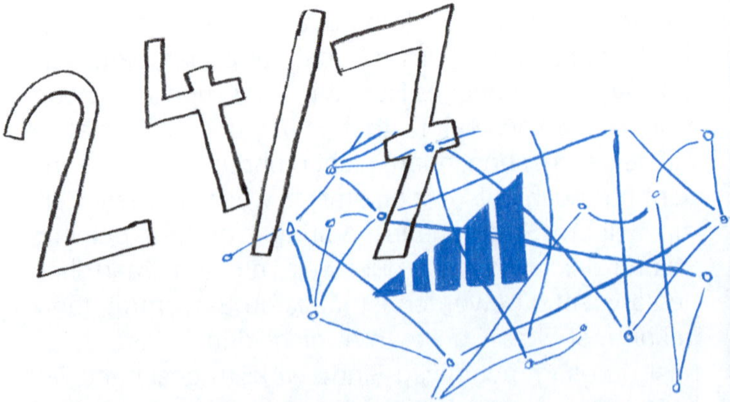

macht meine Freundin das übrigens heute noch. Einfach nicht erreichbar sein.

Andere Beispiele sind allseits beliebte Absagen per SMS/WhatsApp oder Ähnlichem. Wenn man sich früher um acht Uhr an der Telefonzelle verabredet hatte, war man auch um acht da. Da gab es keine Absage per SMS zwei Minuten vorher. Dadurch, dass die Menschen immer mehr Möglichkeiten haben und sich diese bis zuletzt alle offen halten wollen, wird die Gesellschaft sprunghafter und teilweise unzuverlässiger („Es könnte ja was Besseres für mich stattfinden").

Während man sich früher meistens fest verabredet hat, neigt man heute dazu, sich spontan zu entscheiden: „Okay, wir können ja noch mal mailen/simsen/telefonieren!" Ich merke das nicht nur im Freundeskreis, sondern auch bei mir selbst. Man will sich bewusst JETZT NICHT entscheiden.

Und durch all diese Wahlmöglichkeiten wachsen die Ansprüche der jungen Leute. Man kann heute von zu Hause aus oder in der Uni studieren. Es gibt sogenannte Silentpartys, bei denen alle Kopfhörer tragen, und man sich die Musik, zu der man tanzen mag, selbst aussuchen kann. Du kannst mit deinem Smartphone einkaufen oder dein Baby daheim überwachen. Dir sind scheinbar keine Grenzen gesetzt. Nichts kann dich aufhalten! Es gibt 187 (habe ich tatsächlich nachgezählt) verschiedene Arten von Musik, da ist doch für jeden was dabei; und auch was das Styling betrifft, ist alles irgendwie modern.

Vielleicht kennt ihr mein Dino-Shirt. Eigentlich ist das doch potthässlich, warum fahren bloß alle darauf ab? Weil es ein Unikat ist. Selbst wenn man sich diese ganzen Technikspielereien nicht leisten kann oder will, ist man keinesfalls out oder unmodern. Nein, dann ist man ein Hipster, also völlig in.

Man gelangt in eine Art „Entscheidungsstrudel", muss viel mehr Dinge entscheiden, als man eigentlich will. Es gibt einfach zu viele Angebote. Doch Entscheidungen treffen macht müde, dadurch wird man auf Dauer unzufriedener. Solltet ihr mal irgendwelche Entscheidungsgespräche führen müssen, macht das möglichst früh am Tag, denn eine Statistik hat ergeben, dass der Mensch da am entscheidungsfreudigsten ist. Übrigens: Wenn man nicht weiß, was man will, sollte man zuerst herausfinden, was man nicht will. Denn sich gegen etwas zu entscheiden ist immer einfacher, als sich für etwas zu entscheiden.

Ich glaube, unsere Jugend ist einfach überfordert. Der Druck, der/die Beste, Stärkste oder Schönste zu sein, ist für viele oft kaum aushaltbar. Jeder stellt eine Konkurrenz für andere dar, da jeder dem anderen den „Rang ablaufen" könnte.

Klingt ziemlich extrem, doch vergleichen wir mal die Schulhöfe von damals mit denen von heute. Früher gab es in meiner Klasse genau EINE Schönheit, EINEN Schönling, EINE Sportskanone, EINEN Schläger, EINEN Schwänzer und EINEN Dicken. Heute gibt es fünf Schläger, die sich in der Pause gegenseitig verprügeln; 15 Schönheiten, die darum konkurrieren, wer denn mehr für seine Schönheit tut und wer welche Modekollektion ZUERST entdeckt hat; zwölf Schwänzer, die ihre Zeit lieber damit verbringen, herauszufinden, auf welche verschiedenen Arten sie Marihuana konsumieren können und so weiter und so fort ...

Stichwort Konkurrenzdruck: Das Thema klingt vielleicht manchmal abgedroschen und wird sicherlich hie und da auch übertrieben, aber der Begriff dient nun mal der Veranschaulichung. Meine Meinung ist: Gäbe es fünf Klassenbeste statt nur einem/einer, dann hätte der ganze Konkurrenzdruck eine positive Auswirkung. Bei mir jedenfalls war das mal so: Ich habe zum Ende der siebten Klasse die achte übersprungen und kam direkt in die neunte, damit ich besser gefördert werden konnte. Dort fiel mir der Lehrstoff ebenfalls nicht schwer, und ich schrieb gleich die beste Englischklausur. Das hat meine neuen, zwei Jahre älteren Mitschüler – ich wurde auch noch ein Jahr früher eingeschult – richtig motiviert, mehr Gas zu geben, weil es einige einfach nicht ertrugen, dass eine Siebtklässlerin besser war als sie. War mir aber völlig Latte.

Da ich dieses Buch auch geschrieben habe, um Fragen über Fragen („Wie hast du abgenommen?" oder „Bist du wirklich lesbisch?" zu beantworten, und die meisten davon nun beantwortet sind, widme ich mich im Folgenden den eher selten gestellten Fragen. Die schönsten habe ich mal aus

meinem Posteingang bei Facebook rausgesucht.

Kevin, 15, aus Wien fragte mich am 13. Juli 2013: *„Hallo Alina bzw. Saskia! Ich schreibe gerade an einer Hausaufgabe über Musik. Kannst du mir helfen? Was ist Musik für dich?"*

So, Kevin. Ich hab dir dat mal aufgeschrieben. Bitte schön.

MUSIK! MUSIK, BITTE!

Sitz grad im ICE auf dem Weg von Berlin nach Hamburg. Ohne meine Kopfhörer würde ich eine längere Zugfahrt niemals aushalten. Hab sogar schon mal einen Zug verpasst, weil ich noch mal nach Hause gegangen bin, um meine Kopfhörer zu holen. Ohne Musik geht nichts. „Holiday" von The Tough Alliance. Jedenfalls passt dieses Lied überhaupt nicht zum Wetter draußen. Mal wieder dieses Ich-kann-mich-nicht-entscheiden-was-ich-anziehe-Wetter. 13 Grad und Regen. Wenn ihr die „Tropisches Indie-Fieber"-Playlist bei Spotify laufen lasst, habt ihr immerhin Urlaub auf den Ohren.

Jetzt „Into The Sun" von Lord Huron. Huron. Krasser Name. Ihr kennt das, man sitzt mit Kopfhörern auf den Ohren in öffentlichen Verkehrsmitteln, hört 'n coolen oder nachdenklichen Senti-Song und dreht sein eigenes Musikvideo im Kopf. Solltet ihr grad Techno oder Elektro hören, müsst ihr unbedingt Tauben beobachten, die tanzen immer mit. Worauf ich hinauswollte ... (Hab mich mal wieder selbst aus dem Kozept gebracht, obwohl ich gar keins hatte. Meine geheime Superkraft.)

Musik. Musik ist Magie. Sie ist jederzeit formbar, passt zu allen Lebenslagen und kann jedes Gefühl vermitteln, stärken, zerstören oder heilen. Musik hat die größte Kraft und kann dabei ganz sanft sein. Musik kann motivieren. Sie treibt dich an oder in die Enge, sie zieht dich hoch und runter, kann gleichzeitig so dermaßen passend und unpassend sein. Musik kann erzählen. Auch Musikstücke ohne Text oder klassische Musik können Gefühle und Stimmungen vermitteln, Musik bedarf nicht unbedingt des Gesangs. Es kann ein Instrument sein oder ein ganzes Orchester. Musik ist unabhängig. Sie unterwirft sich keiner Gesellschaftsordnung, ist expressiv, kann provokant und protestierend sein. Musik ist manchmal politisch, meist geht es aber um die Liebe. Musik kann etwas bewirken, Gemeinschaften bilden und für etwas (ein)stehen. Man kann sich an ihr orientieren, lässt sich von ihr trösten oder lenkt sich durch sie ab. Musik ist Meditation. Ich finde, wer unterwegs seine eigenen Musikvideos im Kopf dreht, wer ohne Musik nicht leben kann, hat Musik begriffen. Sie will, dass man sich in ihr verliert. Egal auf welche Art und Weise, und die Art der Musik ist dabei auch egal. Sei es Klassik, Metal, Schranz oder Schlager. Musik kann so glücklich machen, Erinnerungen aufleben lassen, inspirieren und beruhigen.

Fahre mit dem ICE, der eineinhalb Stunden von Berlin nach Hamburg braucht, und der ist grad echt verdammt schnell unterwegs. Ich male mir dann oft Horrorszenarien aus, obwohl ich das nicht will. Seit dem Film „Final Destination" bin ich in dieser Hinsicht geschädigt. Auch wenn ich Achterbahn fahre oder ins Solarium gehe, läuft immer „Final Destination" in meinem Kopf. Ätzend!

Wenn man sich in Musik verliert, hat man das Gefühl, stehen zu bleiben und ganz nah bei sich selbst zu sein. Schaffner. Arsch. Hab mich erschreckt, weil er mich antippen musste, da ich ja Musik höre. Und McDonald's ist auch nicht mehr das, was es mal war. Hab grad zwei Cheeseburger und einen Chickenburger ohne Soße mit Mayo gegessen und habe nach einer Viertelstunde schon wieder Hunger. Was soll das? Das machen die doch mit Absicht, damit man schnell wieder Hunger bekommt und noch mal hingeht. Toll. Jetzt muss ich das Baguette essen, das ich mir eigentlich für abends aufgehoben hatte, na super. Aber 's schmeckt. Ciabatta mit Tomate, Gurke, Frischkäse und Lauchzwiebeln. „Upper Crust" am Hauptbahnhof kann ich also empfehlen.

Doch zurück zum Thema. Musik kann an Vergänglichkeit erinnern, und Vergänglichkeit ist definitiv ein Arschloch. Die Musik selbst ist aber unvergänglich, sie ist unsterblich und ungebunden. Genau wie die Liebe. Wenn man ein Instrument spielt oder gar komponiert, ist Musik manchmal auch Mathematik. Ich spiele seit meinem fünften Lebensjahr Keyboard und Klavier, und letztes Jahr habe ich eine Gitarre bekommen. Insgeheim fand ich die Gitarre immer cooler als ein Keyboard oder ein Klavier, da man sie überall mit hinnehmen kann, ohne Strom. Aber mein Paps hat Keyboard gespielt, also ... Als Kind wollte man ja immer das machen, was die Eltern gemacht haben. Zum Glück verliert sich das über die Jahre.

Jetzt nervt die Playlist aber langsam. Das Schöne an Elektro ist, dass es Musik ist, die in sich nicht großartig variiert und mir deshalb nicht auf die Nerven gehen kann. Ich höre sie sogar gern beim Schreiben oder Arbeiten, weil ich mich dann gut konzentrieren kann, was mir eh immer schwerfällt. Das entspannt mich und lässt meine Gedanken fließen. Habe fast das ganze Buch unter Elektro geschrieben. Und nein, ich nehme keine Chemie. So, muss jetzt aussteigen. Oliver Schories, „I'm Not".

Ich habe mal bei Facebook ein Bildchen gepostet und darunter geschrieben: „Ich liebe die Liebe." Da meldet sich natürlich die Sorte von Leuten zu Wort, die jedes einzelne Wort auseinandernehmen und auf die Goldwaage legen, ohne auch nur einen Funken Sinn dahinter zu sehen. So schrieb mir Murat aus Koblenz: „Ey, du dume Lebse, wie kan man verliebt sein in Liebe, ja? Bis du doof ode was? Allah is liebe, Lesbe." Süß, oder? Aber ich lass es mir nicht nehmen, auch diese Frage zu beantworten.

DIE LIEBE // ICH BIN GLÜCKLICH

Verliebt in die Liebe. Was ist eigentlich Liebe? Es ist das stärkste und mächtigste Gefühl der Welt, und es gibt dafür keine – oder besser gesagt: Hunderte Definitionen. Liebe ist ein Gefühl tiefster Zuneigung, unbeschreiblich und unabhängig davon, wie viel sie dir gleichzeitig nehmen und geben kann. Hass ist auch Liebe. Warum? Diese beiden Gefühle liegen sehr eng beieinander, denn man kann nur hassen, weil man liebt. Egal was. Liebe ist so stark und beflügelnd, gibt dir das Gefühl, die ganze Welt zu umarmen, unbesiegbar und unsterblich zu sein, das Gefühl, alles zu haben, was man braucht. Tiefste und unergründliche Zufriedenheit, auch mit sich selbst. Deshalb nehmen

Verliebte oft zu oder lassen sich etwas gehen. Was völlig normal ist. Die ganze Welt steht unter einem anderen Stern, das Licht ist anders, wärmer. Liebende Menschen sind gelassenere Menschen. Liebende und Geliebte geben gern Liebe an andere ab. Liebe ist ein Monster, aber ein gutes. Es verzaubert und packt dich, zieht dich mit in eine andere Sphäre, macht dich glücklich und jung. Liebe lässt dich albern sein, erfinderisch und kindlich wirken. Liebe ist ein Leitfaden, der sich und dich durch das Leben zieht. Liebe ist auch unabhängig von Raum und Zeit, ein immerwährendes

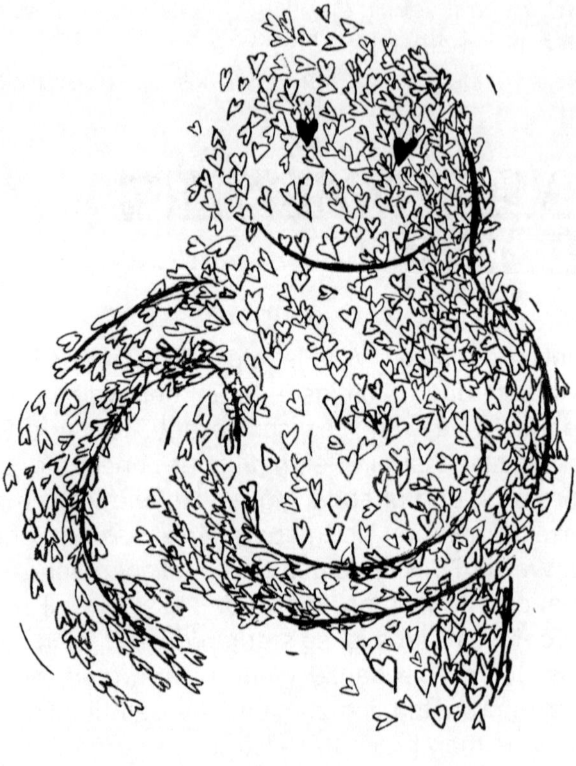

Gefühl der Verbundenheit. Schnuuuuulz, ich weiß, aber muss ja auch mal sein.

Ich liebe die Liebe, und ich liebe das Glück, weil ich weiß, dass ich ganz allein dafür verantwortlich bin. Natürlich liebe ich mich selbst, und ich liebe das Leben. Ich behaupte, dass man sich auf gesunde Art und Weise selbst liebt, wenn man mit sich im Reinen ist. Liebe kann ein Zustand, eine Situation oder ein Wort sein. Liebe entfacht leise, aber mit lodernden Flammen. Oh Gott, jetzt wird's too much, ich geb's ja zu. Ich will doch einfach nur sagen, dass Liebe das Schönste und Positivste ist, was es gibt. Ich möchte, dass es mehr Liebe gibt und die Menschen aufhören, sich zu bekriegen und gegenseitig zu unterdrücken. Das nervt.

Ich will, dass mehr Menschen sich beflügeln lassen, zu ihren Gefühlen stehen und sich nicht für ihre Rasse, Sexualität oder ihr Geschlecht schämen. Fangt doch mal an, euch zu lieben, so wie ihr seid, denn nur so seid ihr schön! Und wie schön! Es gibt für mich nichts Schöneres, als in die strahlenden Augen meiner Partnerin zu schauen, wenn sie sich mal wieder über irgendwas Kitschiges freut, weil ich sie über alles liebe (deshalb übrigens dieser Text). Es gibt für mich nichts Erfüllenderes, als meine Familie glücklich und wachsen zu sehen, weil ich sie liebe, und es gab für mich nichts Ansteckenderes und Befreienderes, als den Moment miterlebt zu haben, in dem die engste Freundin begann, ihren Traum zu leben. Man darf niemals aufhören, für seine Träume zu kämpfen, denn wenn man das tut, hat man auch aufgehört zu lieben.

Liebe ist universal und doch völlig individuell. Und wird nie verstanden werden. Auch Regeln gibt es in der Liebe nicht. Sie macht, was sie will, und du bist ein kleines, jämmerliches Wesen, das ihr bedingungslos folgt. Sei es in der Beziehung, im Beruf, im Freundeskreis oder in der Musik, die du insgeheim hörst und von der sogar deine Freunde nichts wissen. Du ziehst Dinge, die du liebst, immer wieder an. Dagegen hast du keine Chance. EINMAL SCHWUL, IMMER SCHWUL. Lasst euch leiten von der Liebe und von dem, was auch immer ihr liebt. Natürlich rede ich von gesunder Liebe.

Eine andere interessante Frage kommt von **Martin, 46, aus Hamm:** *„Guten Tag, Frau Beecks, ich habe ‚Berlin – Tag & Nacht' verfolgt und finde Sie beziehungsweise Ihre Rolle sehr lustig. Hätten Sie nicht Lust, so etwas nebenbei zu machen? So als Comedian oder so?"*

Danke fürs Kompliment, Martin, aber ich glaube, mein Humor wäre zumindest teilweise zu derbe oder zu kompliziert. Hier mein Versuch für dich, Martin.

VON FRAU ÜBER FRAU

Frauen neigen ja nicht gerade dazu, kurz und knapp nackte Informationen zu verteilen. NAHAHAHAIIIN. Selbst wenn du richtig in Eile bist, ja dein Leben von dem Bus abhängt, den du KEINESFALLS verpassen darfst oder schnell ein Passwort brauchst, um irgendeinen Vorgang anzuhalten oder zu starten, bevor du noch deinen Job verlierst ... Juckt die gar nicht. Du wirst niemals reine Informationen erhalten, wenn du mit einer Frau sprichst. Als Erstes bekommst du nämlich meistens die Gegenfrage „Warum?" gestellt. Ist mir schon zu viel, könnt ick ausflippen. „Frag nicht einmal schwul,

immer schwul

warum, mach schneeeeell!!" Dann sie wieder in aller Seelenruhe: „Und so schon mal gar nicht. Entweder du fragst mich in einem vernünftigen Ton, oder du lässt es!" Spätestens an dieser Stelle ist mein Puls auf 180, und ich muss mich schwer zusammenreißen, nicht die Kontrolle zu verlieren. Ich war ja schon froh, dass kein „Warum?" als Antwort kam.

Beispiel. Meine Truppe und ich im Berliner Club „Spindler & Klatt". Ich möchte meine Jacke abgeben, finde aber die Garderobe nicht. Sehe eine Bar, gehe dorthin und frage die Barkeeperin: „Sorry?! Kannst du mir bitte sagen, wo die Garderobe ist?" Da fängt die erst mal an sich vorzustellen: „Hi, ich bin Jenny, was brauchst du denn?" „GARDEROBE, bitte." Sie dann wieder: „Mmhh, also die Garderoooooooobeeee ..." (zieht das Wort ewig lang, während sie sich suchend umschaut). Hinter mir schon voll die Schlange. „ Also, hey, ich arbeite noch gar nicht soo lange hier, hey, aber früher, also, als ich noch selbst hier feiern war, hey ... Also da war die Garderobeeee noch da vorn (wen juckt das?), aber wo ist die denn jetzt? Auch gut, ne? Ich arbeite hier, aber weiß nicht, wo die Garderobe ist, hey, na ja ... Bist du nicht die Alina von ‚Berlin – Tag & Nacht?" (Gleich raste ich aus.) „Sollen wir erst mal wat trinken? Dann kümmer ich mich um deine Jacke." Will die mich verarschen? Hätte ich einen Mann gefragt, und er hätte nicht gewusst, wo die Garderobe ist, wovon ich schon mal nicht ausgehe, hätte er einfach mit „Nein, sorry" geantwortet. Das war's, ein einfaches klares „Nein". Schön, dass mir das aufgefallen ist – seitdem versuche ich immer, möglichst kurz und informativ zu antworten.

Ein anderes schönes Phänomen ist der Satz „Mach mal die Musik leiser, dann kann ich besser einparken!"

WAT?

WAT? Gibt's dann auch so was wie „Mach mal das Licht an, dann höre ich besser!"? Mit diesem Thema kennt sich ja Mario Barth ganz gut aus. Er sagte mal so was Ähnliches wie „Es gibt bei Frauen drei Arten, sich zu duschen: mit Haaren, ohne Haare und nur Haare." Falsch. Es gibt vier. Mit Haaren, ohne Haare, nur Haare und nur Pony. Der fettet nämlich meistens schneller als der Rest.

Ich finde das Thema „Männer und Frauen" aber mittlerweile total langweilig. Wir wissen jetzt, dass Frauen Probleme beim Autofahren und Männer mit Ästhetik haben. Es gibt ja Frauen, und es gibt Frauen. Und es gibt Lesben. Achtung, großer Unterschied. Ich glaube ja, wenn Lesben miteinander Kinder kriegen könnten, wäre einerseits die Bevölkerungspyramide wieder im Gleichgewicht, aber andererseits hätten ganz viele kleine süße Hunde- und Katzenbabys kein Zuhause mehr. Hat also Vor- und Nachteile. Was bringt 'ne Lesbe zum zweiten Date mit? Den Umzugskarton.

Und jetzt die Antwort auf eine Frage, die ich mir irgendwann mal selbst gestellt habe.

WAHRER LUXUS

Als ich jünger war, dachte ich bei dem Wort Luxus sofort an viel Geld, Jachten, High Society, Monaco, Côte d'Azur, Zigarren und Villen. Und heute denke ich an die Geissens. Woran denkt man denn als junger Mensch, wenn man das Wort Luxus hört? Luxus gilt als erstrebenswert und wird demnach oft mit Reichtum und Macht assoziiert. Für mich ist Luxus viel mehr und gleichzeitig viel weniger.

War gestern mit meiner Freundin und ein paar Freunden im „Klunkerkranich", auf einer Dachterrasse in Neukölln. Tagsüber waren es sommerliche 33 Grad, und abends ging die Sonne bei angenehmen 25 Grad unter. Ich stand da oben, konnte meinen Blick über ganz Berlin schweifen lassen, den Sonnenuntergang betrachten und hatte meine Lieben bei mir. Sich für diesen, wenn auch nur kurzen Moment, keine Sorgen und Gedanken über das Leben zu machen, zu sehen, wie bunt sich der Himmel von Minute zu Minute verfärbt, in Berlin zu sein, warme Sommerluft zu spüren und zu riechen – das war für mich Luxus. Zeit dort zu verbringen und sich vollkommen im Hier und Jetzt zu befinden.

Zeit ist der größte Luxus. Wahrer Luxus. Für mich bedeutet es auch, die Seele baumeln zu lassen, kreativ zu sein, mit der Tätigkeit Geld zu verdienen, die mich glücklich macht. Gesund zu sein, Familie und eine schöne Wohnung zu haben, in den Urlaub fahren zu können – das ist Luxus. Ich muss nicht das Neueste vom Neuesten haben, um zufrieden zu sein. Ich muss auch kein Millionär sein. Luxus ist individuell und bedeutet viel mehr, als sich alles leisten zu können. Manchmal bedeutet es, die Welt mit anderen Augen zu betrachten. Sich keine Sorgen zu machen.

Ich mag Leute nicht, die nie zufrieden sind, immer mehr wollen, gieren und zu hohe Ansprüche haben. Natürlich liegt es in der Natur des Menschen, sein Glück anzustreben und immer höher auf der Lebensleiter zu kommen. Aber der Weg ist das Ziel, und viel zu viele Menschen haben vergessen, das Jetzt zu schätzen, da sie mit ihren Gedanken schon bei morgen hängen. Ich glaube ans Schicksal und ans Karma und daran, dass mein Weg vielleicht in groben Stationen vorherbestimmt ist. Aber trotzdem liegen Entscheidungen dazwischen, die ich selbst treffen muss. Ich entscheide, glücklich zu sein, und dafür brauche ich nichts anderes als diese Entscheidung. Dafür brauche ich auch nicht unbedingt (viel) Geld, einen Oscar oder zehn Autos. Glück ist unabhängig von diesen materiellen Dingen.

Häufig wird Glück mit Zufall verwechselt – nach dem Motto „Glück gehabt", aber Glück und Zufriedenheit ist immer das, was man daraus macht. Als meine Eltern sich scheiden ließen und mein Bruder und ich mit meiner Mutter auszogen, war sie zunächst alleinerziehend, und wir bezogen Sozialhilfe. Meine Mama musste jeden Pfennig zweimal umdrehen, sie konnte sich keine neue Kleidung leisten, weil alles für mich und meinen Bruder draufging. Kinder wachsen ja schnell. Mein Bruder und ich teilten uns ein Zimmer, eingerichtet vom Sozialamt, meine Mama schlief auf dem Sofa im Wohnzimmer. Baden durften mein Bruder und ich nur zusammen, weil wir auf den Wasserverbrauch achten mussten. Und obwohl wir so wenig Geld hatten, hat meine Mama immer dafür gesorgt, dass mein Bruder seinen teuren Lieblingszwieback und ich meine „Nutella" bekam. Jeder andere hätte zur Billigvariante gegriffen. Auch das war für mich Luxus. Ich war trotzdem glücklich.

Damals habe ich zum ersten Mal gespürt, dass man dazu nicht unbedingt viel Geld braucht. Manchmal brauchst du nämlich nur eine Person, die mit aller Kraft hinter dir steht und sich dabei selbst so unglaublich zurücknimmt. Liebe ist auch Luxus, da es Reichtum bedeutet, nur anders definiert. Als ich meine Führerscheinprüfung bestand, hatte ich zwar kein Auto. Aber schon die Möglichkeit, endlich eins fahren und somit flexibler und unabhängiger sein zu können, war für mich Luxus.

Als ich die Chance erhielt, von Duisburg nach Berlin zu ziehen, um den Strohhalm zu ergreifen, der mich meinem Traum vielleicht ein Stückchen näherbringen würde, stand ich vor einer der schwierigsten Entscheidungen, die ich in meinem Leben treffen musste. Das Risiko war sehr hoch. Was passiert, wenn die Serie nicht gut ankommt, ich verarscht werde, Heimweh verspüre, mich in den Ruin treibe? Was ist, wenn alles schiefgeht? Dann hätte ich meine Wohnung verloren und meine Ausbildung ein halbes Jahr vor der Abschlussprüfung abgebrochen. Andererseits: Was passiert, wenn alles gutgeht? Wenn ich länger in Berlin bleibe als gedacht, meinen Lebensunterhalt mit meinem Traumjob bestreiten kann? Ich hatte Angst damals. Aber wenn ich zurückblicke, wird mir klar, dass ich von der ersten Sekunde an wusste, dass ich mich dazu entscheiden würde, nach Berlin zu gehen. Das war mein Bauchgefühl, und das hat die Angst be-

siegt. Wie gesagt, mir haben fast alle Leute davon abgeraten, doch mein Gefühl war stärker, und seitdem lasse ich mich oft davon leiten.

Die schwierigste Entscheidung meines Lebens war jedoch die, diesen Strohhalm, der mich so viel näher an meinen Traum gebracht hat, wieder loszulassen, weil mein Gefühl mir sagte, es sei an der Zeit. Ich hatte wieder so ein Bauchgefühl wie damals, und wieder haben mir fast alle Leute davon abgeraten, aber mein Gefühl war stärker. Und ich glaube, der Ausstieg aus BTN war die richtige Entscheidung.

Dieses Buch zu schreiben, kreativ zu sein und mich als Autorin auszuprobieren, zu schreiben, was immer ich mag, und Menschen zu motivieren, ist auch Luxus. Und diesmal waren meine Ängste sogar noch größer. Ich müsste lügen, würde ich behaupten, ich hätte keine Angst davor, das hier zu veröffentlichen. Jeder Mensch hat Angst, für etwas kritisiert zu werden, in das er wahnsinnig viel Arbeit und Zeit investiert hat. Das ist normal. Ich habe auch Angst davor, falsch verstanden zu werden, aber mein Gefühl sagt mir wieder, ich solle das, was ich meine, genau so schreiben und nicht anders. Weil es das Einzige ist, was authentisch ist. Und ob es die richtige Entscheidung war, dieses Buch hier zu schreiben, wird sich zeigen, aber mein Gefühl sagt mir ...

Wenn man das Gefühl hat, am Abgrund zu stehen, den Job verloren hat oder einem das Herz gebrochen wurde, darf man trotzdem nie sich selbst vergessen. Man darf nie verlernen, sich selbst glücklich zu machen, unabhängig von einer Person oder irgendwelchen Dingen. Wir dürfen nicht leben, als hätten wir ein zweites Leben im Koffer. Ich weiß, so was ist immer leichter gesagt als getan, aber es ist schön, da es vollkommen wahr ist.

Gutes sein ist Gutes tun. Haltet euch immer vor Augen, dass es Menschen gibt, denen es weitaus schlechter geht. Das soll um Gottes Willen kein Aufruf sein, sein Leben komplett umzukrempeln. Aber vielleicht hilft manchmal schon der Gedanke daran, die vermeintlich unwichtigen und kleinen Dinge des Lebens mehr zu schätzen, um dann zu merken, dass sie viel wichtiger und größer sind, als sie oftmals scheinen.

Hier zu sitzen, meinen Smoothie zu trinken, die Vögel zwitschern zu hören, Sommersonne zu genießen, darauf zu warten, dass meine Freundin von der Arbeit nach Hause kommt, ist Luxus. Weil Kleinigkeiten auch Reichtum bedeuten können, nur anders definiert. Viel zu viele Menschen schätzen die kleinen Dinge des Lebens zu wenig, weil sie immer auf etwas Größeres oder eine Art Wunder warten. Seid selbst das Wunder! Verschwendet keine Zeit mit Gedanken an Dingen, die ihr schon immer mal machen wolltet, macht sie einfach! So was wie bereuen kenne ich nicht, weil mich alle Entscheidungen dahin gebracht und zu dem gemacht haben, was ich jetzt bin. Riskiert etwas, denn nur so könnt ihr gewinnen, lasst euch von euren Ängsten nicht ent- sondern ermutigen. Wartet nicht zu lange, sagt dem Menschen, den ihr liebt, dass ihr ihn liebt. Und habt niemals Angst, eure Gefühle zu zeigen. Der Sinn des Lebens ist zu leben, und das erkannt zu haben, ist für mich wahrer Luxus.

DANKE!

MEIN DANK GILT ALLEN, DIE MICH TÄGLICH BEI DIESEM PROJEKT UNTERSTÜTZTEN.

Meiner Freundin, die von Diskussionen nicht verschont blieb, mich philosophierend ertragen musste. Danke für deine Geduld und Rücksicht, Baby, du warst meine größte Inspiration!

Meinen Freunden, die an mich glauben und mich stärken. Ihr seid sowieso die Geilsten. Meiner Familie, und nein, ich komme vorerst nicht zurück nach Duisburg, und ja, mir geht es gut. Meinen BTN-Kollegen und der tollen Zeit in Berlin, die mich zu der gemacht hat, die ich jetzt bin. Meiner Oma für den Stupser in die richtige Richtung. Und meiner besten Freundin Aylin für die krassesten Momente meiner Kindheit und Jugend. Es wäre heute nicht, wie es ist, wäre es damals nicht gewesen, wie es war!

Und meinem Management Elbgold TV für die Verwirklichung des Buchs, denn die Armen mussten sich tagtäglich mit meinem selbst geschriebenen Shit auseinandersetzen und Diskussionen bis zum Get-no führen. Danke, dass wir das gemeinsam hinbekommen haben!

Herzlichen Dank auch an Julishka, Trickyricky, Sanderah, Ayra, SeanPaul&Shakira, Lorenzo, Patricia, PaulaKardashian, Aylypse, JaketheSnake, Sy&Me, Chrystal &Scully, Estefania, Melo&Vany, YasiHasi.

Und nicht zu vergessen: Ich danke allen kleinen Stinkern da draußen, die nie an mich geglaubt haben. Jetzt hätte ich gerne einen riesigen Pappmittelfinger zur Hand. HAHA!

PS: Jaaa, Mama, jetzt haste schon gedacht, ich hätte dich vergessen, wa? Und Papa, du bestimmt auch. Meinem Bruder ist das egal, denke ich. Er weiß ja, dass ich ihn über alles liebe. Mama, danke für deine unfassbar große Liebe, mit der du mich erzogen hast, danke auch für deine strenge Hand. Paps, dir danke ich für den Humor, den du mir mitgabst, für das Freiheitsverständnis – und die Liebe fürs Vogelgezwitscher am Morgen.

#1

IMPRESSUM

Dieses Buch wurde möglich durch die Unterstützung meiner vielen Fans. Im April 2014 habe ich bei Facebook gepostet, dass ich das Buch schreiben werde und die Produktion in einer Art Crowdfunding finanzieren möchte. Es hat funktioniert. Sehr viele von euch haben das Buch im Vorverkauf erworben, obwohl ihr noch Monate auf den Versand warten musstet. Das hat dies alles erst möglich gemacht. Ihr seid die Geilsten!

Vielen Dank für euer Vertrauen.

Saskia Beecks

Erstausgabe 2014
Veröffentlicht in Saskias Verlag GbR, Berlin
www.saskiasbuch.de

Medizinische Kommentare zur Ernährung:
Dr. med. Anne Fleck, www.docfleck.com

Lektorat:
Helmut Hillger, Thomas Meins, Hamburg

Konzept und Design:
Fred Funk,
www.fredfunk.de

Illustration:
Rahel Goetsch

Satz:
Fred Funk, Maximilian König

Bildbearbeitung:
Jakob Temme, Maximilian König

Druck und Bindung:
CPI books GmbH
Printed in Germany
ISBN 978-3-9816698-0-0

ist doof.

SASKIAS VERLAG